AF326967

Frida Kahlo

Frida Kahlo
Miradas en el espejo

Arturo Alape y Carlos Montalvo Pérez

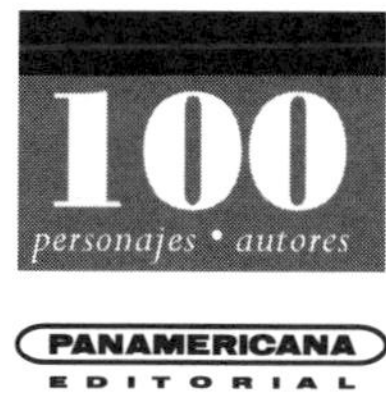

Alape, Arturo, 1938 -
    Frida Kahlo / Arturo Alape, Carlos Montalvo. — Bogotá:
    Panamericana Editorial, 2004.
    92 p. ; 21 cm. — (Personajes)
    ISBN 958-30-1488-5
    1. Kahlo, Frida I. Tít. II. Serie.
927 cd 20 ed.
AHU1282

    CEP-Banco de la República-Biblioteca Luis Ángel Arango

Editor
Panamericana Editorial Ltda.

Dirección editorial
Conrado Zuluaga

Edición
Mireya Fonseca Leal

Diseño, diagramación e investigación gráfica
Editorial El Malpensante

Cubierta: Frida Kahlo • Nickolas Muray
© George Eastman House, Rochester, NY

Primera edición, noviembre de 2004
© Panamericana Editorial Ltda.
    Textos: Arturo Alape y Carlos Montalvo Pérez
Calle 12 N° 34-20, Tels.: 3603077–2770100
Fax: (57 1) 2373805

Correo electrónico: panaedit@panamericanaeditorial.com
www.panamericanaeditorial.com
Bogotá D. C., Colombia

ISBN 958-30-1488-5

Impreso por Panamericana Formas e Impresos S. A.
Calle 65 N° 95-28, Tels.: 4302110–4300355, Fax: (57 1) 2763008
Quien sólo actúa como impresor.
Impreso en Colombia
Printed in Colombia

"Mis temas son mis sensaciones, mis estados de ánimo, mis reacciones ante la vida".

Frida Kahlo

Frida Kahlo, vida intensamente vivida y tenacidad para soportar el dolor que, implacable, torturó su cuerpo: sueños de realización humana, río de confluencias en espacios de color, símbolos y líneas que trazaron su obra pictórica, en vibrante imaginación que desnuda y saca a flote profundas intimidades.

Cuando Magdalena Carmen Frieda Kahlo Calderón nació el 6 de julio de 1907 en Coyoacán, suburbio de la antigua Ciudad de México, el país azteca se encontraba a puertas del acontecimiento más importante del siglo xx: la Revolución Mexicana de 1910.

Frida se divertía cambiando la fecha de su nacimiento. Exclamaba con alborozo: "Nací con una revolución. Que lo sepan... Nací en 1910. Era verano. Muy pronto, Emiliano Zapata, el *Gran Insurrecto*, iba a levantar el Sur... Yo tuve esa suerte: 1910 es mi fecha".[1] Frida, hechura de México, México en las entrañas pictóricas de Frida.

Hija de Guillermo Kahlo, judío alemán, nacido en Baden Baden en 1872, que emigró a México en 1891 a los diecinueve años, y de Matilde Calderón y González, mujer de ascendencia española e india que no sabía leer ni escribir. Frieda o Frida, cuyo nombre significa "paz", escribe en su *Diario* a propósito de su infancia:

"Mi niñez fue maravillosa...". A su padre lo describe "como entrañable y cariñoso"[2], "para mí constituía un ejemplo inmenso de ternura y trabajo y sobre todo su comprensión para todos mis problemas". Impresiones de infancia que la pintora recoge en su cuadro de 1951 *Retrato de mi padre*. La dedicatoria en una franja de la parte inferior de la obra dice: "Pinté a mi padre Wilhelm Kahlo, de origen húngaro-alemán, artista fotógrafo de profesión, de carácter generoso, inteligente y fino, valiente porque padeció durante sesenta años de epilepsia, pero jamás dejó de trabajar y de luchar contra Hitler. Con adoración, su hija Frida Kahlo".

Relación profunda, entrañable, de tiempo infinito. Fue él quien como entusiasta pintor aficionado introdujo a Frida en las experiencias iniciales con la pintura. Él le enseñó a utilizar la cámara, a revelar, a retocar y a colorear fotografías. Por el contrario, con su madre Frida establece desde pequeña una discrepante relación; ello la lleva a calificarla "de muy simpática, activa, inteligente", pero también de "calculadora y fanáticamente religiosa". La madre es una figura anodina y lejana, referenciada o temida, que quizá inspira cierto resentimiento en el recuerdo de la hija.

Nació en el seno de una familia de clase media, ya que su padre trabajó como el primer fotógrafo oficial del Patrimonio Cultural Nacional de México, lo cual le permitió, a fines del régimen de Porfirio Díaz, un estatus económico holgado que luego se vino a menos con la Revolución y todos los sinsabores que trajo consigo la llamada "Década Trágica".

"Mi madre no me pudo amamantar porque a los once meses de nacer yo nació mi hermana Cristina. Me alimentó una nana a quien le lavaban los pechos cada vez que yo iba a succionarlos. En uno de mis cuadros estoy yo, con una cara de mujer grande y cuerpo de niñita, en brazos de mi nana, mientras de sus pezones la leche cae como del cielo".

Entre los tres y los cuatro años, a Cristina y a ella las mandaban al colegio de párvulos. La maestra era rígida y brutal en la enseñanza, con pelos artificiales y trajes rarísimos. Su primer recuerdo de niñez, Frida lo refiere a esta maestra:

> Estaba ella parada al frente del salón todo oscuro, sosteniendo en la mano una vela y en la otra una naranja, explicando cómo era el universo, el Sol, la Tierra y la Luna. Me oriné de la impresión. Me quitaron los calzones mojados y me pusieron los de una niña que vivía en frente de mi casa. A causa de eso le cobré, fastidio que un día la traje cerca de mi casa y comencé a ahorcarla. Ya estaba con la lengua afuera cuando pasó un panadero y la sacó de mis manos...[3]

A los seis años le dieron la primera comunión. Durante un año, junto con Cristina, asistió con estricta puntualidad a la doctrina; pero las dos traviesas y alegres, de risa espontánea, se escapaban y se iban a comer tejecotes, membrillos y capulinas a un rancho cercano. Desde entonces, Frida se acostumbró a merodear por los alrededores de la Casa Azul, curiosa viendo rostros y escuchando giros idiomáticos populares que luego ella involucró en su lenguaje como suyos.

"Cierto día estaba mi media hermana María Luisa sentada en la bacinica cuando la empujé y cayó hacia atrás y todo. Furiosa me dijo: 'Tú no eres hija de mi mamá y de mi papá. A ti te recogieron en un basurero' ".[4] Aquella afirmación la impresionó al punto de convertirla en una criatura introvertida. Desde entonces vivió hermosas aventuras con una amiga imaginaria: juegos fantásticos, hasta caer en el éxtasis infantil. Sus travesuras de niña eran para el padre, signos de una inteligencia desmesurada. Era un consentidor afectuoso de Frida.

No obstante su vitalidad por ser descendiente de mexicas, de tonalpouhques —chamanes aztecas de la suerte— y de ser encomendada por su madre a la Virgen de la Soledad —protectora de Oaxaca, la ciudad de su progenitora—, Frida tuvo desde su niñez una precaria salud. Solía decir que la vida fue cruel al encarnizarse con ella, de manera que a los seis años, en 1913, enfermó de poliomielitis; su pierna se adelgazó notoriamente y el pie se quedó atrofiado en el crecimiento, defecto que pudo disimular con faldas largas y pantalones.

> Pasé nueve meses en cama. Todo comenzó con un dolor terrible en la pierna derecha, desde el muslo hacia abajo. Me lavaban la piernita en una tinita con agua de nogal y pañitos calientes. La patica quedó muy delgada. A los siete años usaba boticas. Al principio supuse que las botas no me harían mella, pero después sí me la hicieron y cada vez más intensamente.[5]

Las muchachas del vecindario solían burlarse de ella crudamente y le gritaban: "¡Frida Kahlo, pata de palo!, ¡Un pie bueno, el otro malo...!". Frustrada por el profundo malestar que siente por su pierna, Frida asume, a partir de ese acontecimiento, un carácter introspectivo que contribuye a avivar sus sueños y sus fantasías, se desdobla para dar "un valor casi mítico a esa otra ella misma", a la que escrutará el resto de su existencia con pasión creativa "en su espejo...". Su padre, siempre cercano, se ocupó especialmente de ella durante los nueve meses de convalecencia.

"A los siete años ayudé a mi hermana Matilde, que tenía quince, a que se escapara a Veracruz con su novio". Le abrió la puerta del balcón y luego cerró como si nada hubiera pasado. Para Frida su acción no tenía tintes de maldad alguna. "Matilde era la preferida de mi madre y su fuga la puso histérica". "¿Por qué no se iba a largar Matita?", se preguntaba inocente Frida. "Mi madre estaba histérica por insatisfacción. A mí me resultaba odioso ver cómo sacaba los ratones del sótano y los ahogaba en un barril. Hasta que no estaban completamente ahogados no los dejaba...". Flotaban como hojas secas en el agua. Aquello la impresionaba de un modo horrible.

> Llorando le decía: ¡Ay, madre, qué cruel eres! Quizá fue cruel porque no estaba enamorada de mi padre. Cuando yo tenía once años me mostró un libro forrado en piel de Rusia donde guardaba las cartas de su primer novio. En la última página estaba escrito que el autor de las cartas, un joven alemán, se había suicidado en su presencia. Ese hombre vivió siempre en su presencia...[6]

Un fantasma amoroso que su madre nunca borró de la memoria, al esconderse resignada en el rebozo del duelo religioso.

Frida nunca habló de una temprana vocación literaria, estaba sensibilizada en ámbitos familiares creativos, pero en *El Universal Ilustrado* del 30 de noviembre de 1922 se publicó un texto poético suyo titulado *Recuerdo*, cuyo contenido se explica en la muchacha de quince años y no en la niña de doce que pretendía ser:

Yo había sonreído. Nada más. Pero la claridad fue en mí y en lo hondo de mi silencio.

Él, me seguía. Como mi sombra, irreprochable y ligera. En la noche sollozó un canto...

Los indios se alargaban, sinuosos, por las callejas del pueblo. Iban envueltos en sarapes, a la danza, después de beber mezcal. Un arpa y una jarana eran la música, y la alegría eran las morenas sonrientes.

En el fondo, tras el zócalo, brillaba el río. Y se iba como minutos de mi vida.

Él, me seguía.

Yo terminé por llorar. Arrinconada en el atrio de la parroquia, amparada por mi rebozo de bolita, que se empapó de lágrimas.

Voraz lectora, sería también en el transcurrir de su dramática vida profunda escritora en géneros como su *Diario* y en su profusa correspondencia epistolar con sus amigos, sus amores tempranos y, especialmente, con Diego Rivera.

El período entre 1925 y 1929 fue quizá el más doloroso y difícil para Frida. Su hasta entonces convencional combinación de felicidad doméstica y popularidad en la Escuela Preparatoria se resquebrajó, y de repente se encontró de frente escuchando los pasos de la muerte, imagen perdurable en un largo y penoso diálogo que fue pesada cruz sobre su cuerpo en los años finales de su existencia. El hecho crucial para ella tuvo lugar el 27 de septiembre de 1925. Ese día sufrió un gravísimo accidente al chocar un tranvía contra el autobús en el que viajaba; se destrozó un pie, la pelvis y la espina dorsal y sufrió múltiples fracturas en brazos y hombros. Había sido, como ella lo afirmaba después: "Asesinada por la vida", asesinada física y psicológicamente. Algunas heridas recibidas en el accidente no cicatrizarían jamás: su cuerpo quedó maltrecho y las cicatrices fueron huellas protuberantes en la piel y en su mundo interior.

Frida relata así sus vivencias del accidente:

> A poco de subir al camión empezó el choque. Antes habíamos tomado otro camión: pero a mí se me perdió una sombrillita y nos bajamos a buscarla; así fue que subimos a aquel camión que me destrozó. El accidente ocurrió en una esquina frente al mercado de San Juan, exactamente en frente. El tranvía marchaba con lentitud, pero nuestro camionero era un joven muy nervioso. El tranvía, al dar la vuelta, arrastró al camión contra la pared...

Ella era una jovencita inteligente pero poco práctica, que pasó de pronto a la libertad que había conquistado. "Quizás por eso no medí la situación ni intuí la clase de heridas que tenía. En lo primero que pensé fue en un balero de bonitos colores que compré ese día y que llevaba conmigo. Intenté buscarlo creyendo que todo aquello no tendría mayores consecuencias...".

Asombroso, en el rostro de Frida no había lágrimas. "El choque nos botó hacia delante y a mí el pasamanos me atravesó la espalda como la espada a un toro...". Sangre en la arena. Impávidos algunos testigos. Un hombre la vio bañada en sangre, cubría su cuerpo una tremenda hemorragia, la cargó en brazos y la puso en una mesa de billar hasta que la recogió la Cruz Roja...

> Perdí la virginidad, se me reblandeció el riñón, no podía orinar, y de lo que más me quejaba era de la columna vertebral. Nadie me hizo caso. Además, no hacían radiografías. Me senté como pude y les dije a los de la Cruz Roja que llamaran a mi familia. Matilde leyó la noticia en los periódicos y fue la primera en llegar y no me abandonó por varios meses; de día y de noche a mi lado. Mi madre se quedó muda durante un mes por la impresión y no fue a verme. Mi hermana Adriana al saber se desmayó. A mi padre le causó tanta tristeza que se enfermó y sólo pude verlo después de veinte días...[7]

Alejandro Gómez Arias, su amigo y enamorado de la preparatoria y quien la acompañaba durante el accidente quedó atrapado bajo el tranvía; se levantó con la camisa ensangrentada y buscó con los ojos a Frida. Ella yacía sobre los escombros de la plataforma del camión, desnuda, cubierta de sangre y extrañamente rociada de oro. Imagen perturbadora, alucinante que hizo que algunos de los presentes gritaran: "¡La bailarina! ¡Miren la bailarina...!". En la cercanía de la muerte, la imagen y conjugación de intensos rojos y escalofriantes amarillos de sol vertical. Sobre el cuerpo herido de Frida había caído como lluvia, el polvo de oro que portaba un obrero de la construcción que viajaba también en el autobús.

Las consecuencias del accidente fueron devastadoras para el cuerpo de Frida. Los mismos médicos se asombraron de la capacidad de resistencia de la joven, pues la columna vertebral se le rompió en tres lugares de la región lumbar; también se fracturó el cuello del fémur, lo mismo que las costillas; la pierna izquierda sufrió once fracturas y el pie derecho quedó dislocado y aplastado; la clavícula izquierda se le zafó y la pelvis se le quebró en tres. El pasamanos de acero del autobús le atravesó el vientre: penetró por el costado izquierdo y salió por la vagina. Frida dejó testimonio gráfico de este insuceso en su esbozo a lápiz que tituló *Accidente*, siguiendo el modelo de la pintura popular de los exvotos, característicos de la cultura mexicana, que van a ejercer una gran influencia en su pintura. En el cuadro recoge el acontecimiento: en la mitad superior dibujó el momento de la colisión entre el autobús y el tranvía. Los heridos que yacen en la calle ilustran la situación. En el primer plano del dibujo yace, mucho más grande que las demás personas, Frida Kahlo vendada, sobre una camilla de la Cruz Roja. Su cuerpo parece flotar. A la izquierda del esbozo vemos el frente de la casa de sus padres en Coyoacán, a donde Frida se dirigía después de salir de la escuela. Este dibujo es el único testimonio gráfico de Frida Kahlo sobre el accidente; no volvería a tematizar aquella experiencia en su obra. Con una excepción: un retablo que se encontró a comienzos de los años cuarenta y que muestra una situación muy similar.

El difícil y traumático proceso de recuperación que la obligó a guardar cama por tres meses y que la hace padecer frecuentes dolores en la columna y el pie derecho, le sirvió a la vez para reflexionar sobre su destino, el hecho de tener que afrontar la disyuntiva de padecer la dramática situación de lisiada o sublimar el dolor y trocar el sufrimiento en arte. Es el cruce de definiciones cruciales en la vida: optar por la pasión fecunda en el arte, ser ella con intensidad una artista, sembrar líneas definitivas sobre la tierra, la mirada fija sobre el horizonte que reserva tantas sorpresas, como el milenario vuelo de las aves de paso. Abandona el hospital y se traslada a la Casa Azul en Coyoacán, literalmente clavada al lecho de enferma. Es, entonces, cuando toma la decisión de pintar. De su sufrimiento y de su solemne y acuciosa soledad hace esta voluntad; abandona el sueño de convertirse en "navegante o en una viajera"; febril, comenzó a pintar durante meses en su lecho de enferma. Recuerda con generoso agradecimiento:

> Frida era una mujer notable por su belleza, su temperamento y su inteligencia.
>
> —Jean Van Heijenoot

Mi padre tenía desde hacía muchos años una caja de colores al óleo, unos pinceles dentro de una caja vieja y una paleta en un rincón de su tallercito de fotografía. Le gustaba pintar y dibujar paisajes cerca del río de Coyoacán, y a veces copiaba cromos. Desde niña, como se dice comúnmente, ya le tenía echado el ojo a las cajas de colores. No sabía explicar el por qué. Al estar tanto tiempo en cama, enferma aproveché la ocasión y se la pedí a mi padre. Como a un niño, a quien se le quita su juguete para dárselo a un hermano enfermo, me la "prestó".[8]

Su madre mandó hacer a un carpintero un caballete, un aparato especial que podía acoplarse a la cama donde ella yacía, porque el corsé de yeso no la dejaba sentar. "Así comencé a pintar mi primer cuadro, el retrato de una amiga mía..." (se trata del *Retrato de Alicia Galant*, 1927, que, como otros retratos de la creación temprana de Frida se orienta por la pintura retratista europea del siglo XIX). El sombrío fondo *art nouveau* es muy diferente de los fondos de los retratos posteriores, en los que se aprecia una clara orientación al *mexicanismo*, es decir, a la afirmación del nacionalismo mexicano.

El lecho de la cama fue recubierto con un baldaquín, donde fue empotrado un espejo para que Frida pudiese mirarse de cuerpo entero y convertirse en su propia modelo sin hacer mayor esfuerzo en su frágil cuerpo en recuperación. La cama, su espacio vital. Momento iniciático de su obra y de los diversos autorretratos que forman la mayor parte de su producción pictórica, un género sobre el que ella diría más tarde: "Me retrato a mí misma porque paso mucho tiempo sola y porque soy el motivo que mejor conozco...". Ella frente al espejo no para de mirarse y extasiarse con la lozanía de la epidermis de su piel; ella mirándose en el espejo para escrutarse y descifrarse a sí misma con profundidad; conocer los vaivenes y círculos de su río interior; preguntarse, preguntarse y preguntarse y como respuesta encontrar la imagen plasmada sobre la tela; la otra Frida, la verdadera, la totalidad de su ser.

Desde luego, esta decisión de trabajo no está exenta de múltiples situaciones de desesperación y molestias por los dolores y sufrimientos físicos y espirituales que tenía que soportar en su lecho, la espalda adormecida. Sin embargo, la decisión de pintar es irreversible; debe recuperar la capacidad de manejar su cuerpo y el movimiento de sus brazos y manos, y en ello pone todo su empeño, su fortaleza se vuelve disciplina; tozuda, tenaz, encuentra un haz de luz en los vericuetos de su imaginación: sus ojos aprenden a ver lo que tenía escondido en los pliegues de su ser, lo que giraba a su alrededor y nunca había visto. La pintura es ahora el sentido de su vida, su "razón de ser", la vibrante aventura de la creación.

Para Frida, la decisión de vivir y de pintar es el producto de una profunda reflexión y autoanálisis. Salvada de la muerte, empieza a descubrirse a sí misma. Los autorretratos, sus diversos reflejos en el espejo cóncavo, la estimularon para hacerse una idea de su propia persona y para recrearla de nuevo, una y tantas veces, tanto en el arte como en la vida. Desde 1923 se propone sacar adelante una primera serie de autorretratos, quizás como sugieren algunos críticos, inspirada en el estilo de Boticelli y en la tendencia prerrafaelista

> Como Rembrandt, como Van Gogh, Kahlo nos cuenta su biografía con sus autorretratos.
>
> —Carlos Fuentes

inglesa. Entre ellos se destaca el cuadro que regala a su novio Alejandro Gómez Arias, titulado *Autorretrato con traje de terciopelo*, antes de que éste viajara a Alemania a estudiar. Por sus características tan especiales, por ser un trabajo inicial, es importante detenerse en su observación. Se trata de un cuadro romántico,

> ...donde la artista aparece con toda su fragilidad, contra un fondo violáceo sombrío que resalta la palidez de su sufrimiento físico. Únicos elementos fuertes del cuadro que hablan de su verdadera personalidad: la mirada negra que, ausente, brilla de inteligencia bajo la bóveda de las cejas y la divisa sarcástica inscrita al pie del cuadro en alemán: *Heute ist immer noch* (Aún existe el ahora).[1]

Estos meses de intenso sufrimiento le han valido por años de experiencias. Frida es una niña que ha madurado, decidida, excéntrica, agresiva: ya ha elegido.

Formación: aprendizajes y carácter

La niñez y juventud de Frida transitaron junto a su familia en la Casa Azul de Coyoacán, construida sobre un antiguo lote de 800 metros cuadrados que Guillermo Kahlo adquirió con sus ahorros en 1904.

La Casa Azul hechizó a Frida, la tercera hija de los Kahlo, mucho más que a sus hermanas. En cierto sentido, la vida y la obra de Frida pictórica quedaron imborrablemente narradas en los ámbitos de la casa familiar. En ese mítico entorno de libertad y creatividad se configura la idea de "habitación propia" que sugiere Virginia Wolf: espacio íntimo, espacio cuerpo, espacio reflexión, espacio viajero en los juegos creativos de la imaginación. Vistos desde su perspectiva, los años de niñez y adolescencia de Frida en la Casa Azul fueron de plenitud y alegría, pero también estuvieron marcados por una relativa privación, estrechos horizontes sociales y preocupaciones económicas que la madre supo sortear con habilidad como administradora de los recursos. Matilde Calderón "era como una campanita de Oaxaca. Cuando iba al mercado, ceñía su cintura y cargaba alegremente su canasta. Era muy simpática, activa, inteligente. No sabía leer ni escribir: sólo sabía contar el dinero".[1]

La remembranza de la Casa Azul, como símbolo ligado al útero materno se puede observar en el cuadro de 1936 que

Frida tituló *Mis abuelos, mis padres y yo*. En primer plano aparece la casa en forma de herradura; allí Frida, de tres años, se pinta desnuda sosteniendo la cinta umbilical que la liga a sus padres y abuelos, y ocupa el lugar central para dar cuenta de su origen y su destino.

Frida pensaba estudiar medicina, pero frustrada por la devastación en su cuerpo por el fatal accidente, en 1925, presentó el examen de ingreso a la Escuela Nacional Preparatoria, preámbulo obligado de los estudios universitarios, y fue aprobada, escogida entre las 35 mujeres en una institución con más de mil estudiantes. La Escuela Preparatoria se había convertido para la época en uno de los focos del renacer patriótico mexicano, especialmente se exaltaba el regreso a las raíces culturales y la experiencia en búsqueda de las culturas indígenas. En este contexto, Frida, adolescente, se disponía a entrar en la Escuela Preparatoria con el apoyo definitivo de su padre y la precoz advertencia materna de que su hija se iba a volver atea en esa escuela: "Una chica de tu edad", le advertía su madre, "tiene que cuidarse de hacer ciertas cosas. Debes ser una jovencita respetable... y no olvidar nunca las enseñanzas de Nuestro Señor".

En la Escuela Preparatoria reinaba un ambiente reformista y los jóvenes participativos se enfrentaban en arduas polémicas, centradas en las reformas y el futuro de la Revolución. Frida, por su espíritu vivaz, abierto y dispuesta a recibir cualquier tipo de influencia positiva en su formación, tomó partido uniéndose al movimiento de Los Cachuchas, compuesto por siete chicos y dos chicas; el grupo Los Cachuchas:

…jóvenes orgullosos y desafiantes vestidos de mezclilla, con gorras de *gamines* proletarios, dedicados a burlarse de todas las figuras solemnes (incluyendo al filósofo Caso, cuyas clases Los Cachuchas convertían en gigantescos relajos): haciendo cabriolas por los corredores de la Academia, plantando cáscaras de plátano a los pies de las estatuas del Orden y del Progreso, robándose tranvías, como en una película de Buñuel por filmarse aún, los describe Carlos Fuentes en su introducción a *El Diario*, de Frida Kahlo.[9]

Los Cachuchas eran conocidos no sólo por su actitud irreverente, también por su inteligencia: eran partidarios convencidos de una suerte de nacionalismo con tintes de socialismo. La vida en grupo hizo que desarrollaran un hondo sentido de la camaradería y un profundo sentimiento solidario y de amistad, que se fue afianzando a lo largo de los años.

"Éramos extremadamente curiosos de todo, ávidos de comprender, de saber. Siempre teníamos ganas de saber, nuestra sed era insaciable".[10] "Unos contaban a los otros lo que habían leído y cada historia rivalizaba con la anterior y con la siguiente en detalles, exageraciones, profundidad, burla; y así estallaban las discusiones sobre cuál de ellos había leído más y con mayor profundad en una semana. Hablaban de Hegel o de Engels, de Dumas, Hugo, Dostoyieski (sic)", recuerda la propia Frida. El mundo estaba postrado a sus pies.

El grupo de Los Cachuchas admiraba al ministro de cultura, José Vasconcelos; impulsados por sus ideas social-nacionalistas, optaban por plantearse diversas reformas en la escuela. De sus filas saldrían más tarde varios líderes de la izquierda mexicana, entre otros, Miguel Lira, al que Frida le da el sobrenombre de Chong Lee por su gusto por la poesía china; el músico Ángel Salas; el escritor Octavio Bustamante, otros destacados profesionales en sus respectivos campos. Por citar un ejemplo: Alejandro Gómez Arias, jefe espiritual e inspirador de Los Cachuchas, amor de juventud de Frida, se hizo un importante periodista político, intelectual, orador brillante y abogado, compañero de Julio Antonio Mella en la Facultad de Derecho, dirigente comunista cubano, exiliado en México.

Desde joven, Frida Kahlo tuvo una personalidad magnética, fortalecida en su niñez por el afecto y enseñanzas de su padre, por el aprendizaje en la aventura del conocimiento que significó para ella su paso por la Escuela Preparatoria, por su propia decisión de vida de hacerse pintora, cuando su cuerpo atrofiado y señalado por el dolor aproximó a sus ojos la imagen de la desventura hacia el camino de la resignación como bendición. Dotada de atractiva figura —alta, erguida, ojos vivos, audaces, sombreados por largas pestañas y espesas cejas—, sus facciones eran indefinibles, según Beltrand Wolfe, biógrafo de Diego Rivera, debido a su amalgama de sangre judía, germana y mexicana. Vestía como tehuana, sencillos atuendos campesinos o con trajes indios —el traje concordaba perfectamente con el naciente espíritu nacionalista y la vuelta a la cultura autónoma—y todo lo que ponía sobre su cuerpo, lo lucía con

> Mexicanísima en todas sus manifestaciones, continúa causando un gran asombro: su pintura y su vida, su vida y su pintura, ligadas entre sí igual que las dos Fridas, tal como ella las pintó…
>
> —Elena Poniatowska

gusto y naturalidad: collares de jade, sortijas, cadenas, aretes. Siempre era ella como presencia y sombra.

De amena conversación, solía utilizar básicamente del lenguaje popular, giros y expresiones que aprendió a manejar en la Escuela Preparatoria. Según Rauda Janis, inventó un vocabulario para uso "fridesco" que acompañaba generalmente con ademanes para enfatizar lo dicho. "Aprendió mucha sabiduría callejera y la más nutrida colección de palabras soeces que haya yo visto en posesión de una persona del sexo femenino", subrayaba Wolfe.[11] Cantaba y le gustaba que le hicieran coro a sus canciones preferidas, como la *Sandunga* y los corridos de los tiempos de Maximiliano y de la Revolución. Tenía gran predilección por coleccionar objetos de arte popular mexicano y precolombino, por ejemplo, collares, máscaras, trajes y zapatillas y, por supuesto, degustaba con pasión la comida típica.

Frida Kahlo admiraba a Saturdino Herrán, al doctor Atl, a los liberadores de la forma, el paisaje, el color de sus restricciones académicas. Frida Kahlo amaba a Bruegel y el regüeldo de sus carnavales populares, llenos de monstruos inocentes y de glotones perversos y de fantasías oscuras ofrecidas como el pan nuestro de cada día, con colores brillantes y a la luz del sol. Fantasía con realismo, oscuridad interior bajo luces de mediodía. Éstas fueron influencias básicas en el arte de Frida Kahlo.[12]

El carácter de Frida era ciclotímico porque oscilaba entre momentos de alegría, tristeza y melancolía; estos últimos más frecuentes, pero ella solía disimularlos con una sonrisa porque no le gustaba que la miraran con compasión o lástima. De aquí, su agitada vida social, que la obligaba, con gran esfuerzo, a asistir a veladas, cocteles, manifestaciones y reuniones políticas. No obstante su gran fama, muy pocas personas trataron de cerca a Frida; el selecto grupo de sus allegados se conservaba desde los tiempos de la Escuela Preparatoria: Los Cachuchas en primer término, algunos artistas e intelectuales mexicanos y extranjeros y pocos militantes del Partido Comunista; ante ellos se mostraba comunicativa y muchas veces hacía alarde de su ironía; simpática y cariñosa, pero como siempre, reservada.

Otro de los rasgos notables de la personalidad de Frida fue su absoluta falta de rencor para quien la ofendía o la traicionaba. Personas que le debían no pocos favores o servicios le hicieron cosas consideradas por ella "feas"; pero siempre trataba de justificar aquellas acciones y evitaba hablar de ello. No permitía, además, que se hicieran comentarios malintencionados contra personas amigas en su presencia y continuaba prodigando atenciones y servicios a quienes desechaban burdamente su sentido de la amistad y el respeto. A pesar de su tradicional reserva, Frida era muy dada a expresar su admiración a quien lo mereciera, como tantas veces lo hizo, por ejemplo, con los viejos grabadores Gahona y Posada y con los pintores anónimos de retablos y exvotos; fue un caso insular en la plástica mexicana. Por eso buscó, especialmente después del accidente, esconder y proteger su mundo interior para legarlo al mundo a través de su obra. Jamás se impuso trabajar disciplinadamente y someterse a horarios. Pensaba, como William James, "que cuando se ajusta demasiado la cadena de una bicicleta no se consigue que corra mejor, e igual con la mente humana".

Frida y Diego: amor y política en tiempos de revolución

En la década que va de 1923 a 1933, México comienza a consolidar cambios políticos (bajo los gobiernos de Álvaro Obregón, Plutarco Elías Calles y Adolfo de la Huerta), y nuevos proyectos culturales irrumpen frenéticamente, caóticamente; nada parecía planificado en el furor de los acontecimientos. Muchos de esos proyectos culturales generaron una atmósfera de ruptura con cruciales aspectos pasados y enquistados en la historia mexicana: con la elección de Álvaro Obregón como presidente y la institución de un ministerio de cultura (SEP) bajo la dirección de José Vasconcelos, no sólo se luchó contra el analfabetismo, sino que se puso en marcha un amplio movimiento de renovación cultural.

La meta era la igualdad social y la integración cultural de la población india, así como la recuperación de una cultura autónoma mexicana. Era un fenómeno sin precedentes, pues, desde la conquista española, todos los elementos culturales indígenas fueron reprimidos, y después de la Independencia se impulsaron la cultura y el arte académicos de influencia europea. Hay que esperar hasta la Revolución para encontrar una reivindicación de lo autóctono. Se emprendió así la tarea de promover un arte mexicano independiente, de origen popular.

En 1928, Frida adhiere a uno de los círculos intelectuales que le permitió, entre otras cosas, restablecer los contactos con sus antiguos camaradas de la Escuela Preparatoria, Los Cachuchas, ahora activos en política en la universidad y, muchos de ellos, adscritos al Partido Comunista. Es Germán de Campos, uno de sus viejos amigos de la Escuela Preparatoria, quien la introduce en 1928 en el círculo de intelectuales jóvenes que giraban en torno al líder comunista cubano Julio Antonio Mella. Éste vivía exiliado en México y era el compañero sentimental de la fotógrafa Tina Modotti.

> De origen italiano, Tina había llegado a México algunos años antes, con su compañero de entonces, el fotógrafo norteamericano Edward Weston. Tina, convertida a su vez en fotógrafa, se movía en un ambiente artístico y militante, escandaloso por sus costumbres bohemias, por sus ideas liberales de todo, por las intrigas que se anudaban y resolvían al azar de los encuentros.[13]

Una noche, por el albur de la casualidad, en casa de Tina Modotti Frida conoció a Diego Rivera, aunque, desde luego, ya había tenido ocasión de observarlo en 1922, cuando el pintor, recién llegado de Europa, comenzó sus grandes frescos en los muros de la Escuela Preparatoria, encargo de la Secretaría de Educación. Todavía no se sabe a ciencia cierta quién encontró a quién, pero la vida juega al azar y el azar con sus artilugios vislumbra la voz de los encuentros un día cualquiera. La Escuela Preparatoria era, para la época, una antigua y honorable escuela jesuita, que durante la Colonia y la República formó a algunas generaciones de científicos y de académicos muy importantes para la sociedad mexicana. Con la Revolución, el claustro sufrió modificaciones acordes con el nuevo orden social. Frida, cuando apenas era una adolescente esbelta y fina, vivió esos cambios como estudiante, al lado de sus amigos, los soñadores del grupo Los Cachuchas. Ya no llevaba su flequillo de niña; se peinaba con raya en medio, lo que la hacía parecer más seria. Era guapa con una belleza a la vez salvaje y sobria, lejos de las coqueterías que exhibían muchas chicas de su edad.

En una ocasión, mientras Rivera trabajaba en el Anfiteatro Bolívar, el gran salón que servía también para los conciertos y las representaciones destinadas a los estudiantes de la Escuela Preparatoria, una voz burlona resonó detrás de las columnas, y gritó: "¡Eh, Diego, ahí viene Nahui!". Nahui Olin era una modelo de Diego y su verdadero nombre era Carmen Mondragón. Lupe Marín, la mujer con la que vivía Rivera estaba particularmente celosa de ella. Otro día, mientras Rivera pintaba a Nahui, escuchó la misma voz burlona: "¡Cuidado Diego, ahí viene Lupe!". Una noche, cuando Rivera estaba trabajando en lo

El elefante y la paloma… el Príncipe Rana y la niña Fisita, la unión entre el chivo suelto en medio de una cristalería y esa mariposa frágil que repite continuamente el ciclo de larva a crisálida, formó parte de la historia mexicana del momento, también lo es del México de hoy.

alto del andamio y Lupe Marín bordaba abajo sentada en la sala, del otro lado de las puertas del anfiteatro se escucharon voces y, de golpe, apareció una joven, como si la hubieran empujado hacia adentro. Rivera miró con sorpresa.

...a esa niña de entre diez o doce años en realidad tenía quince, vestida con el uniforme de las escolares, pero que, a pesar de esto, es muy diferente a las demás (...) Poseía una dignidad y confianza en sí misma poco comunes y un fuego extraño /brillaba en sus ojos. Su belleza era la de una niña, más sus senos estaban bastantes desarrollados.

Así la recuerda Rivera, cuando cuenta su vida a Gladys March, entre 1944 y 1957.

Todo es a la vez verídico y mítico en este primer encuentro que junta a la niña-diabla y al ogro-sapo devorador de mujeres. Esa gracia de joven que perturba los sentidos del seductor, lo ha cautivado ya.

Mucho después, el pintor narra su versión de un segundo encuentro que sella definitivamente el destino de ambos. Ahora todo ha cambiado. La niña de la voz burlona, que inocente vociferaba detrás de los pilares del anfiteatro Bolívar de la Escuela Preparatoria, se ha convertido en una joven que, en cinco años, ha vivido los sufrimientos más terribles y se ha convertido, a su vez, en pintora. Ha madurado con las huellas sembradas en su cuerpo, por el intenso dolor padecido en la convalecencia, después del accidente. Decisiones en la vida.

En 1928, mientras Rivera trabaja en los frescos que le ha encomendado la Secretaría de Educación, desde abajo del andamio tiene la visión de una muchacha de aproximadamente dieciocho años. Su voraz mirada de seductor la apresa en la quietud del vuelo de la mariposa: poseía un cuerpo bello y vigoroso, coronado por un delicado rostro; su cabello era largo; oscuras cejas pobladas se unían sobre su ceño. No reconoce a la niña que lo había desafiado en el auditorio tantas veces, al jugar con su risa inocente, juguetona. El gigante baja con lentitud del andamio y camina hacia ella. No la reconoce de inmediato, porque esos cincos años pasados tan rápidamente para este hombre de cuarenta y dos años han sido largos y brutales para Frida, a la que han cambiado de adolescente en mujer. Luego, de golpe, mientras ella le habla de su pintura, de sus deseos de vivir la vida de artista, el recuerdo se vuelve imagen afianzada en el presente: sí, es ella la joven insolente que años atrás desafió la mirada salvaje de Lupe Marín, la compañera de Rivera por entonces. Frida ha quemado etapas para unirse al hombre al que admira, cuya mujer ha decidido ser y cuyos hijos espera concebir. Ese encuentro se registra en momentos definitivos y convulsos de la Revolución, cuando están aún presentes en todos los espíritus y las imágenes fulgurantes de los insurgentes que marchan por las calles de la capital.

Con Alejandro Gómez Arias, Frida establece una relación afectiva que va a durar hasta el encuentro con Diego Rivera. Tenían citas de colegiales a la salida de la escuela, asistían juntos a recepciones, conferencias, bailes; ella escribía esquelas y cartas amorosas llenas de bromas; lo llama su novio y se dice "su mujer". Juega a la pasión y, sin duda, en su adolescencia juega en serio. Para Alejandro Gómez Arias, su relación con esta colegiala traviesa y sentimental está hecha de protección y reserva; es su niñita —"mi niña de la Preparatoria"—. Sin embargo, Frida no tiene la suficiente determinación ni la voluntad para abandonar a sus padres y aventurarse en las líneas y sorpresas que depara el abrazo amoroso. Y Alejandro Gómez Arias tenía otros proyectos futuros en los cuales no figuraba Frida.

Para Los Cachuchas, en su febril rebeldía, Diego Rivera no era una deidad petrificada a la cual tuvieran que rendirle pleitesía por obligación pública; su fama les importaba un bledo. Se propusieron quemar los andamios que le servían para trabajar en el mural del anfiteatro de la Escuela Preparatoria y destruir los frescos. Lo curioso del caso es que la misma Frida participó inicialmente en esta empresa, incluso, una mañana robó subrepticiamente el almuerzo del pintor; otra vez, enjabonó los peldaños de una escalera y el suelo para que Rivera se resbalara y cayera al piso cuan grande era.

Durante esa época febril donde todo estaba por inventarse, irrumpió el arte de los muralistas, esos "Novelistas de la Revolución" como los llama Miguel Ángel Asturias, que relataban en grandes manos la trágica y convulsa historia de México y que propugnaban por un "arte al servicio de la educación y de las masas oprimidas por los grandes hacendados y capitalistas nacionales y extranjeros"; fue también la época del florecimiento del grabado popular, inspirado en la obra de José Guadalupe Posada.

La Revolución Mexicana, producto de la indignación popular y de la iniciativa de Madero, deriva hacia el caudillismo revolucionario en los años veinte, con una sucesión de asesinatos: Venustiano Carranza, muerto en Tlaxcalantongo, por la facción armada favorable a Obregón; éste, liquidado por un fanático en Coyoacán, al día siguiente de su reelección. Entre tanto, caen caudillos populares: Felipe Carrillo, Francisco Villa y Emiliano Zapata, asesinados por aquéllos a los que ayudaron a adueñarse de la tierra y del poder a Plutarco Elías Calle, jefe máximo de la Revolución, que en nombre de la Constitución de 1917 hunde al campo mexicano en una cruel y sangrienta guerra: la Guerra de los Cristeros.

Fue en este extraordinario momento cuando Diego Rivera, David Alfaro Siqueiros, José Clemente Orozco y Xavier Guerrero formaron una Unión que tenía por nombre: Sindicato Revolucionario de Obreros Técnicos y Plásticos, que luego cambian por el de Unión Revolucionaria de Obreros Técnicos, Pintores, Escritores y Similares, que adhirió al Partido Comunista Mexicano, pero fundamentalmente seguían la tradición de las viejas organizaciones artesanales y gremiales, que reivindicaban derechos a través de su órgano periodístico: *El Machete*, 1924, hoja "hasta explosiva, sangrienta, grande como una sábana, adornada con un largo machete (50 cm x 15 cm), rojo sangre, símbolo del trabajador del campo alzado contra los grandes propietarios".[14]

Diego Rivera, a sus treinta y cinco años, se destaca en el grupo, no sólo por su voluminosa figura y su imaginativo verbo, sino por ser el ideólogo y guía. Diego había regresado de Europa a fines de 1921; allí había trabajado y estudiado pintura durante trece años. En España había coincidido con su compatriota David Alfaro Siqueiros y los dos habían redactado el *Manifiesto de los Artistas Plásticos de América*, en donde exponían sus teorías acerca de "un arte nacido del pueblo y destinado al pueblo...".

José Vasconcelos, famoso escritor y ensayista, que oficiaba por entonces como Secretario de Educación, puso a disposición de los pintores repatriados los muros de la Escuela Preparatoria y después los de la Secretaría de Educación. En ellos pudieron realizar los proyectos de una pintura mural que armonizara con la arquitectura, pero lo que iba surgiendo bajo las manos de ellos no siempre coincidía con el gusto del público: en 1922, hubo varios ataques contra las pinturas de Diego Rivera, y curiosamente fueron sobre todo los alumnos de la Escuela Preparatoria los que trataron repetidas veces de destrozar sus murales, con piedras, cuchillos y otros instrumentos. En ocasiones, los pintores debieron echar mano a sus pistolas y disparar al aire para rechazar los ataques.

Sobre el nacimiento del nuevo arte mexicano, José Clemente Orozco recuerda en su *Autobiografía*:

La pintura mural se inició bajo muy buenos auspicios. Hasta los errores que se cometieron fueron útiles. Rompió la rutina en que había caído la pintura. Acabó con muchos prejuicios y sirvió para ver los problemas sociales desde nuevos puntos de vista. Liquidó toda una época de bohemia embrutecedora [...]. Los pintores y escultores de ahora serían hombres de acción, fuertes, sanos e instruidos; dispuestos a trabajar como un buen obrero ocho o diez horas. Se fueron a meter en los talleres, a las universidades, a los cuarteles, a las escuelas, ávidos de saberlo y entenderlo todo y ocupar cuanto antes un puesto en la creación de un mundo nuevo[15].

A fines de 1922, Rivera había llegado a ser el miembro número 992 del Partido Comunista y perteneció desde mediados de 1923 a su Comité Ejecutivo Nacional. Para algunos biógrafos, Rivera, no obstante sus cualidades de pintor, era considerado como "provocador, inquietante embustero, violento, vengativo y terriblemente seductor en su inmensa fealdad, con ese rostro de guerrero olmeca y su corpulencia de luchador japonés..."[16] Sin embargo, este es el hombre del que se enamora Frida al salir de su larga convalecencia por el accidente, el hombre que idealiza, al cual se entregará con una enceguecida pasión. Rauda Jamis, en su biografía *Frida Kahlo*, relata la aparatosa y teatral entrada de Diego Rivera a casa de la hermosa Tina Modotti:

En el calor pesado del pleno verano, todos los ojos se volvieron hacia él cuando franqueó las puertas del salón de Tina Modotti en mitad de la noche. Llevaba en la mano una pistola con la que apuntó al fonógrafo. Algunas parejas se detuvieron cuando disparó. La bala fue a incrustarse en el aparato, que giró todavía, tres veces, lentamente, produciendo un sonido semejante a un gemido de agonía, para inmovilizarse luego por completo, entre los gritos de entusiasmo, los vivas, los aplausos. Diego Rivera sopló despreocupado en el cañón del arma aún caliente, enfundó nuevamente la pistola y sonrió, satisfecho, antes de dejar caer su inmenso cuerpo en un sillón y verse inmediatamente rodeado.[17]

Frida, quien esa noche vestía un traje de hombre y lucía un clavel rojo en el ojal, quedó, como el resto de la concurrencia, sorprendida y fascinada por la irrupción espectacular del pintor en el domicilio de Tina Modotti: "La caza de amor es de altanería"; así fue esa noche. Diego, como gran conversador, seduce al público, pero especialmente a Frida, que lo sigue atentamente con su mirada "sombría y brillante", con su belleza perturbadora hasta hacerle concentrar su atención en ella. Es el rito de la seducción mutua de "una paloma y un elefante..."

Ella cumplía diecinueve años y él, cuarenta y tres. Es el comienzo de una relación que, pese a los altibajos e infidelidades mutuas, permanece hasta la desaparición de Frida en 1954. A propósito, el biógrafo de Rivera, Bertrand Wolfe, explica que el gran muralista establecía por primera vez en su vida amorosa una relación basada en la admiración mutua y de respeto por las ideas del otro:

> Discutía su pintura con ella, y viendo que el gusto de la joven era ágil y seguro, empezó a pedirle opinión sobre la suya propia. Hasta donde, nunca hizo tales consultas con nadie, hombre o mujer, en los años de su madurez [...] En el curso de los años siguientes se tornó más y más ansioso de la aprobación de Frida y dependía más de lo sensitivo del juicio de ésta...[18]

Frida y Diego se casaron por lo civil en Coyoacán el 21 de agosto de 1929. La novia vistió "ropas de india", es decir, el vestido típico mexicano con falda de volantes de bolitas, blusa y largo rebozo. Diego vistió "a la manera americana" —así lo comentó el periodista de *La Prensa* que relató el acontecimiento—, es decir, con pantalón y chaqueta gris, camisa blanca, sin chaleco, y su gigante sombrero Stetson en la mano.

En el umbral, Frida Kahlo de Rivera, la excepcional… Sus telas alrededor de ella y, como ella, trágicas, fulgurantes.

—Jacqueline Lamba

Los festejos de la boda se hicieron en casa de Roberto Montenegro, amigo de Diego. Frida cuenta que a la salida de la reunión, Rivera estaba tan borracho que sacó el revólver y disparó contra distintos objetos e hirió a uno de los invitados. En alusión a este acontecimiento, Frida pintó el famoso retrato *Frida Kahlo y Diego Rivera* de 1931. Se trata de una obra que toma una foto de bodas como modelo. La escena es casi goyesca por el contraste de las figuras, invertidas en este caso: la diferencia de tamaño entre los recién casados aparece deliberadamente señalada en el cuadro. La delicadeza de la figura de Frida, el fino tamaño de sus pies, manos y cuello —parece que flotara— mientras que Rivera, protagonista del primer plano, está afincado en el suelo con sus enormes zapatos. Naturalmente, Rivera está representado como pintor, con su paleta y el pincel característicos, en tanto la discreta Frida oficia como la esposa del gran artista.

A los pocos días de la boda, la pareja se instala en un apartamento del centro en Ciudad de México y, a continuación, Frida se traslada a Cuernavaca, donde Rivera realiza una obra por encargo. En ese mismo año, Frida abandona el Partido Comunista cuando Rivera es expulsado.

En Cuernavaca, la vida cotidiana de ambos transcurre plácidamente. Diego pintaba los muros del Palacio de Hernán Cortés, en tanto Frida se desempeñaba como ama de casa, y dejaba a un lado su obra pictórica. A los tres meses de residir en Cuernavaca, Frida quedó embarazada, pero las trágicas condiciones de su cuerpo hacían imposible una gestación normal. Hubo necesidad de practicarle un aborto, ya que la malformación pélvica impedía el desarrollo del bebé. Las secuelas del accidente sufrido por ella le imposibilitaban realizarse como madre. Desde entonces, a Frida le obsesionó la idea de concebir un hijo de Rivera.

En 1932, cuando la pareja se instaló en Detroit, Estados Unidos, por razones de trabajo de Diego, Frida quedó embarazada por segunda vez, contra el pronóstico de los médicos, que ya le habían diagnosticado que no podía tener hijos. El 4 de julio de aquel año, Frida sufrió un aborto natural y perdió al niño. Durante su convalecencia de 13 días en el hospital, Frida plasmó esta dolorosa experiencia en un óleo que tituló *Henry Ford Hospital*. Su cuerpo yace sobre una cama en el hospital con una sábana blanca empapada de sangre; sobre el vientre todavía ligeramente hinchado por el embarazo, sostiene en su mano izquierda tres cuerdas rojas que parecen venas, a las que se unen seis objetos —símbolos de su sexualidad y del embarazo frustrado—. La cinta aferrada al vientre y la mancha de sangre se convierten en un cordón umbilical, en cuyo extremo se halla

> Su dolor. Su cuerpo. Estas son las fuentes del arte de Frida Kahlo.
>
> —Carlos Fuentes

un feto masculino hiperdimensional; el feto navega en el fondo de un cielo azul veteado por grises y morados. Se trata del niño perdido en el aborto, el "pequeño Diego". A la derecha, sobre la cabecera de la cama, sujeto a la cinta roja, flota un caracol. Según la propia Frida, se trata de un símbolo de la lentitud del aborto —el caracol se encuentra también en otras representaciones como símbolo de la vida y del sexo. Según Kattenmann, "las culturas indias lo consideran, debido a su caparazón protector, símbolo de concepción, embarazo y parto. Se lo relaciona con la luna creciente y menguante en cuanto que el caracol saca y mete la cabeza en su caparazón, algo que también simboliza el ciclo femenino y, con ella, la sexualidad femenina...".[19] La sensación de abandono se acentúa por la presencia de un inhóspito paisaje industrial en el horizonte, la cama en que yace Frida enferma también parece flotar como gigantesca corteza de árbol.

Este nuevo episodio dramático es considerado por Diego como "la tragedia de Frida". Dolor y tragedia que se fragmentan dramáticamente en posteriores y diversas imágenes pictóricas. Aflora la profunda sensibilidad femenina en todos sus afluentes. El mismo Rivera anota en su *Autobiografía:* "Frida empezó a trabajar en una serie de obras maestras que no tenían precedentes en la historia del arte, cuadros que exaltan las cualidades femeninas de la verdad y la realidad, la crueldad y el sufrimiento. Ninguna mujer jamás plasmó en lienzo la misma poesía agónica que Frida creó durante ese período de Detroit".

La pintura de Frida: temas y motivos

Entre 1935 y 1942 las relaciones de Frida con Diego Rivera se deterioran por las frecuentes rencillas conyugales en las que afloran crisis, infidelidades, reconciliaciones y mentiras: las voces y los abrazos se enturbian; el amor se transfigura en odio y la mirada se inyecta por el rencor. Como usual respuesta cotidiana aparecen el desaire y la distancia entre dos personalidades fuertes y creadoras; entonces surge el camino de las retaliaciones emocionales, el uno ocasiona daño y el otro responde con un daño personal más profundo. La disputa amorosa que hiere el ser en pleno rostro, pero el amor continúa incólume: los dos se necesitan, las mismas aguas corren por sus cuerpos.

En el transcurrir de esta crisis existencial, entran en escena dos personajes que, por distintas razones, llegan a México y desempeñan un papel decisivo en la vida de Frida y de Diego. Dos conocidos transeúntes universales: León Trotski y André Breton. El 9 de enero de 1937 arriban a Tampico León Trotski y su esposa, Natalia Sedova. Gracias a la intervención personal de Rivera ante el presidente Lázaro Cárdenas, Trotski recibe el asilo político de México y se instala en el hogar de los Kahlo en Coyoacán en la Casa Azul. En los meses siguientes, a escondidas de Diego Rivera, Frida juega otra vez el juego de la seducción con Trotski: la atracción por el impacto psicológico del encuentro de dos personalidades atractivas, el político combatiente y perseguido y la inteligencia y exhuberancia femenina. Frida llama a Trotski cariñosamente "el viejo", como una manera de distanciarse de su marido por las reiteradas infidelidades.

En abril de 1938, André Breton y su mujer, Jacqueline Lamba, llegan a México invitados por el Ministerio de Asuntos Exteriores de Francia para hacer un ciclo de conferencias en la capital mexicana. Breton y su pareja fueron acogidos por el matrimonio Kahlo-Rivera en la Casa de San Ángel. Breton, el padre del surrealismo, que simpatizaba con la liga trotskista, tenía gran interés en un encuentro con Trotski. Irónicamente el encuentro de Rivera, Trotski y Breton propició la ruptura de la pareja de pintores; ruptura en la cual intervienen factores personales y políticos. Rivera ya ha decidido romper su relación con Frida y el inminente viaje de ella a Nueva York, donde hará su primera exposición, le suministrará el pretexto para la separación.

En octubre de 1938, Frida viaja a los Estados Unidos con el fin de preparar su exposición en la Julien Levy Gallery. En los años anteriores, Frida había trabajado intensamente y expuesto sus obras en una exposición colectiva en 1937, en México. El cambio decisivo de aficionada a pintora profesional se produjo en 1938, momento en que la artista vende sus primeras obras. Cuatro de ellas fueran adquiridas por el actor de cine norteamericano Edward G. Robinson.

El interés de Levy por la obra de Frida coincidió con la simpatía que éste manifestaba por el surrealismo, lo que hizo que fuera identificado con dicha tendencia. Esta asociación cobró mayor fuerza por la relación que la artista mantenía con André Breton. Éste, deslumbrado por la obra de Frida, hizo una presentación elogiosa de sus cuadros, para la exposición de Nueva York. Breton escribe: "No le falta a este arte ni siquiera la gota de crueldad y de humor que es la única capaz de unir los raros poderes afectivos que entran en composición para formar ese filtro cuyo secreto guarda México ".[20]

Así mismo, Breton organizó otra exposición en París, en marzo de 1939, sobre el arte de México, e intervino en la organización de la *Exposición del Surrealismo en México*, en 1940, donde Frida expuso algunas de sus obras más representativas.

Dado que Frida nunca había pintado pensando en el público y en la venta masiva de sus obras, le parecía curioso el interés que despertó su obra en Nueva York. Obtuvo un considerable éxito para una primera exposición individual. De los veinticinco trabajos expuestos en la City, vendió la mitad. Además, Frida obtuvo allí encargos de algunos visitantes para pintar una serie de cuadros.

> El arte de Frida Kahlo de Rivera es una cinta alrededor de una bomba.
>
> —André Breton

En enero de 1939, Frida se embarcó en Nueva York rumbo a París. En Nueva York deja ansiosa a su nuevo amor, el fotógrafo norteamericano Nickolas Muray, "mi amoroso, mi Nick, mi vida, mi niño, te adoro...", con la esperanza de un retorno con los brazos abiertos.

Después de algunas dificultades, la exposición *Mexique* fue inaugurada en la galería Renou & Colle, bajo los auspicios de Marcel Duchamp. Se exhibieron, aparte de los cuadros de Frida, obras de arte mexicanas de los siglos XVIII y XIX, además de fotografías de Manuel Álvarez Bravo, esculturas precolombinas y objetos de arte popular. A pesar de que la exposición no fue un éxito comercial tuvo una acogida positiva.

Por otra parte, la estadía en Paris no fue muy grata para Frida, ya que los surrealistas, con Breton a la cabeza, la decepcionaron, y los vientos de guerra se precipitaban sobre Europa. El 17 de enero de 1939, se inaugura la publicitada *Exposición del Surrealismo* en la Galería de Arte Mexicano, promovida y organizada por André Breton, César Moro y Wolfgang Paalen. En este evento colectivo, dos cuadros de Frida se cuelgan al lado de obras de Giacometti, Tanguy, Chirico, Picasso, Mata Echaurren, Man Ray, Delvaux, Kandinsky, Klee, Magritte y Moore. Con este gran evento, que en alguna manera lo compartió con los surrealistas, Frida alcanzó la plenitud del reconocimiento de su obra. En la noche de la exposición, Kandinsky, con lágrimas en los ojos, la abrazó para felicitarla; después se entrevistó con Picasso, recibió el apoyo incondicional de Duchamp, y el Museo del Louvre le compró un cuadro. Dos días después de la clausura de la exposición, Frida abandonó Francia, rumbo a México vía Nueva York. Allí el fotógrafo Nickolas la recibió con la noticia de su próximo matrimonio, ella le deseó toda la suerte del mundo con la promesa de que siempre lo amaría, pasara lo que pasara; de regreso a México, abandonó la casa común de San Ángel para instalarse en la Casa Azul en Coyoacán. Su paso siguiente fue el inicio de los trámites de divorcio con Rivera, el cual obtuvo el 6 de noviembre de 1939.

Poco después del divorcio, Frida pintó un autorretrato de tamaño natural alusivo a este tema, que ella tituló *Las dos Fridas*, la Frida que se desborda y se desdobla en el hecho amoroso y el amor que se ahoga en la tristeza. En la tela, dos Fridas, dos personalidades. La Frida admirada y amada por Rivera, la Frida mexicana con traje de tehuana, sostiene en su mano un amuleto con el rostro de su marido cuando niño. A su lado esta sentada su *otroyó*, una Frida vestida de novia con encajes bordados que la hace parecer una europea de otra época. Los corazones desnudos de ambas están unidos mediante una arteria que termina en un amuleto con la efigie de Diego Rivera; los otros extremos de las arterias están separados con la pérdida de Diego, símbolo del desangre en la relación afectiva, dolor por la pérdida amorosa. Del corte en la arteria brota sangre; el desangre es contenido por una pinza de cirujano.

La Frida europea, desairada, amenaza con desangrarse; el vestido blanco está manchado de sangre, flores rojas adornan el largo vestido. El fondo, un cielo gris verdoso de nubes de tormenta...

> La pintura de Frida, altamente individual, no tiene paralelo en la historia del arte.
>
> —BERTRAM D. WOLFE

En este momento dramático de su vida, Frida trabaja intensamente, pero también se desahoga en el alcohol. Este período fue muy fructífero; Frida pintaba con gran dinamismo y paciencia. "Mis cuadros están bien pintados, no con ligereza sino con paciencia", decía. Los cuadros se sucedían uno tras otro: *Las dos Fridas, Autorretrato con monos, Autorretrato de Pelona, Autorretrato con collar de espina y colibrí.* Puesto que no aceptaba el apoyo económico de Rivera, intentaba ganarse su sustento con la pintura. Decidida, afirmaba a propósito: "No volveré a aceptar dinero de un hombre mientras viva". Pintó una serie de autorretratos, diferenciados entre ellos por el fondo cambiante y por el colorido, e influenciados por el arte popular mexicano. Esta producción serial ya estaba orientada a la venta. Con su decisión de independencia económica, Frida abandona simbólicamente su aspecto de tehuana y viste con oscuros trajes de hombre, se corta el pelo al máximo, como se puede apreciar en su *Autorretrato con pelo cortado,* 1940. Pero a fines de ese año recupero la feminidad que había rechazado. No obstante, la reaparición de los dolores de la columna y de hongos en su mano derecha, Frida prosiguió su frenética labor creativa. Crucial momento cuando exclamó con plena conciencia: "La pintura llenó mi vida. Perdí tres hijos y otra serie de cosas que hubieran podido llenar mi horrible vida. Todo eso lo reemplazó la pintura. Creo que no hay nada mejor que el trabajo".[21]

Por consejo del médico Eloesser, en septiembre de 1940, Frida Kahlo viajó a San Francisco para someterse al tratamiento de su columna. Éste logró estabilizar momentáneamente su estado de salud y como agradecimiento con el médico, pintó para él, "con todo cariño", *el Autorretrato dedicado al Dr. Eloesser.* En la convalecencia entabló relación amorosa con Heinz Berggruen, joven rico y coleccionista de arte, que cuando la vio en cama en el hospital, quedó impactado por su belleza física y su mirada seductora.

Rivera le propone un segundo matrimonio que ella acepta de inmediato y deja de lado a Heinz. El 18 de diciembre de 1940, el día del cumpleaños del pintor, se celebró el segundo contrato matrimonial entre Frida y Diego. Ella impuso ciertas condiciones que Diego aceptó. La más importante: no tener relaciones sexuales porque se le hacía insoportable si él andaba con otras mujeres. Entonces la relación se iluminó con la complicidad y compresión mutua, actitud hablada, discutida, aceptada que debía ayudarlos a encontrar las nuevas orillas de vivir juntos, en plena tolerancia. Los dos se eran absolutamente necesarios, a pesar de las otras mujeres en la vida de Diego Rivera, a pesar de otros hombres y mujeres en la vida de Frida. Cada cual desbordado en sus pasiones amorosas.

El segundo matrimonio significó para Frida el retorno a su papel de ama de casa, al cuidado de sus animales y al mantenimiento de la Casa Azul, que había permanecido abandonada desde la salida de Trotski. La vida de Frida se hizo más sosegada y tranquila, no obstante sus preocupaciones por la evolución de la guerra en Europa, la invasión de la URSS por las tropas hitlerianas y el giro a la derecha del régimen de Manuel Ávila Camacho, en México, y sus inmediatas repercusiones, todo en el campo cultural.

En 1942, la Escuela de Talla Directa de la Secretaría de Educación Pública fue convertida en Escuela de Pintura y Escultura. El principio fundamental de la escuela se basó en el espíritu de reconstrucción nacional, estudio y trabajo, factores indispensables para incitar el resurgimiento espiritual de las artes en México.

Cuando Frida se hizo cargo de la cátedra de iniciación pictórica en La Esmeralda, atravesaba un brillante período creador, a pesar de las dolencias de su cuerpo enfermo. Las clases eran serias pero completamente informales. Ella no era profesora sino pintora.

La disciplina entre sus alumnos se fundamentaba en una disciplina interior que, ante todo, descubría e impulsaba fuerzas creativas en ellos. Frida fue una iniciadora, una introductora: les hablaba a sus discípulos de manejos técnicos o equilibrios, lo mismo que de las corrientes ideológicas de nuestro tiempo o del valor político del folclor. Era en todo sentido, una maestra entrañable.

Como artista celosa de su obra, Frida era sensible al halago y sentía la satisfacción por ciertos críticos, pero montaba en cólera y se volvía impredecible cuando se cuestionaba su obra y cuando se atacaba la obra de Diego Rivera; en esos momentos podía salirse de casillas y se tornaba implacable, lo que temperamentalmente hacía recordar sus peleas escolares. Se burlaba despectivamente de algunos juicios de valor que la encasillaban en movimientos como el surrealismo; los despreciaba olímpicamente: "No puedes imaginarte lo que son esta gente", escribía en febrero a 1939 a Nickolas Muray, llena de menosprecio por los surrealistas.

Me hacen vomitar. Son tan condenadamente intelectuales y degenerados, que ya no los aguanto más. Ha valido la pena venir

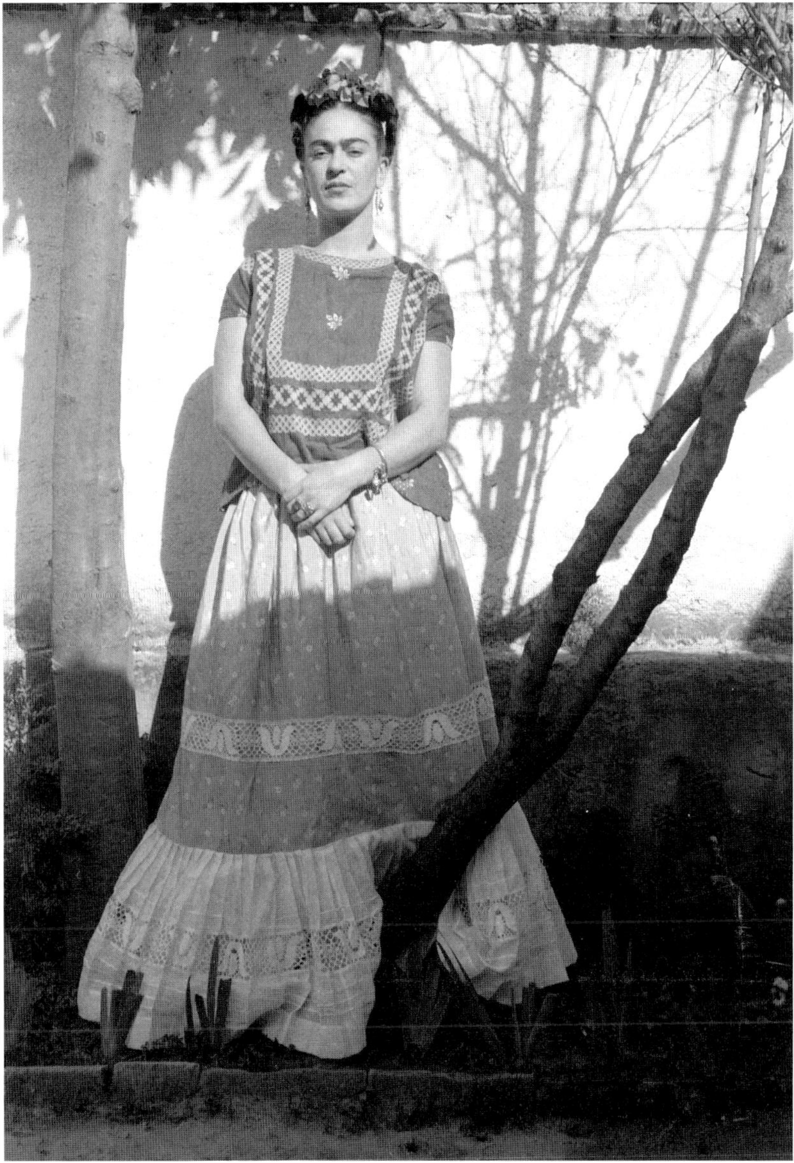

En el jardín de su casa en 1944.

Frida y Diego Rivera, *1931. Óleo sobre lienzo, 100 × 78 cm*
Colección de Albert M. Beder.

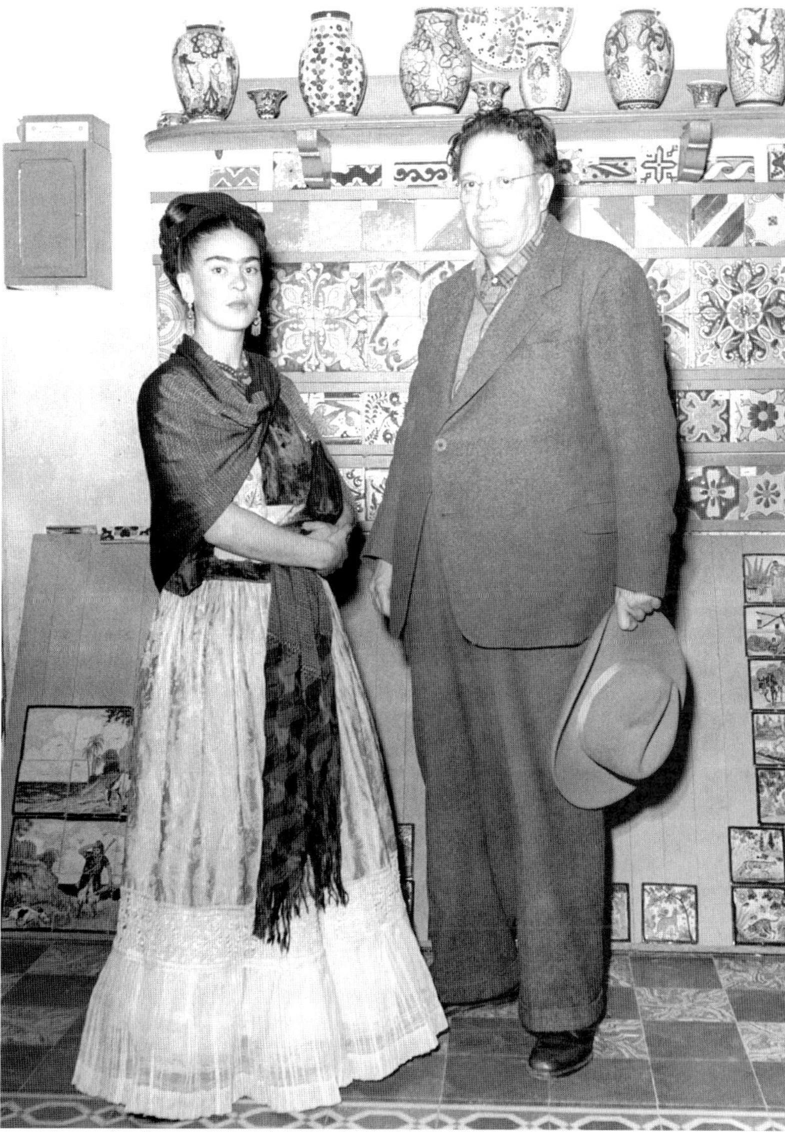

Con su esposo, el pintor Diego Rivera, México, 1946.

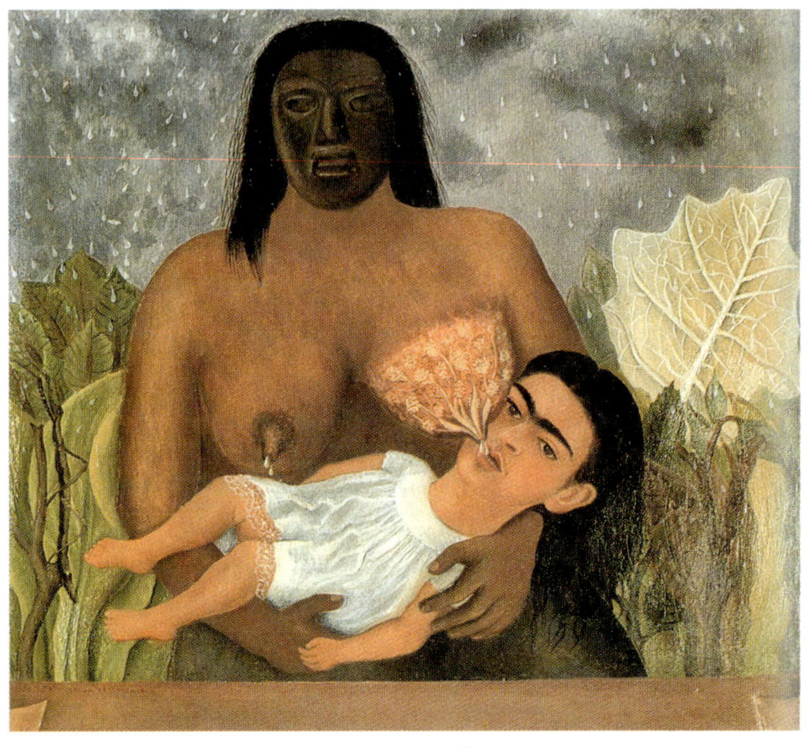

Mi nana y yo, *1937*
Óleo sobre metal, 30 × 35 cm.
Colección de Dolores Olmedo,
Ciudad de México.

Página siguiente
Frida Kahlo, Coyoacán,
México, 1946.

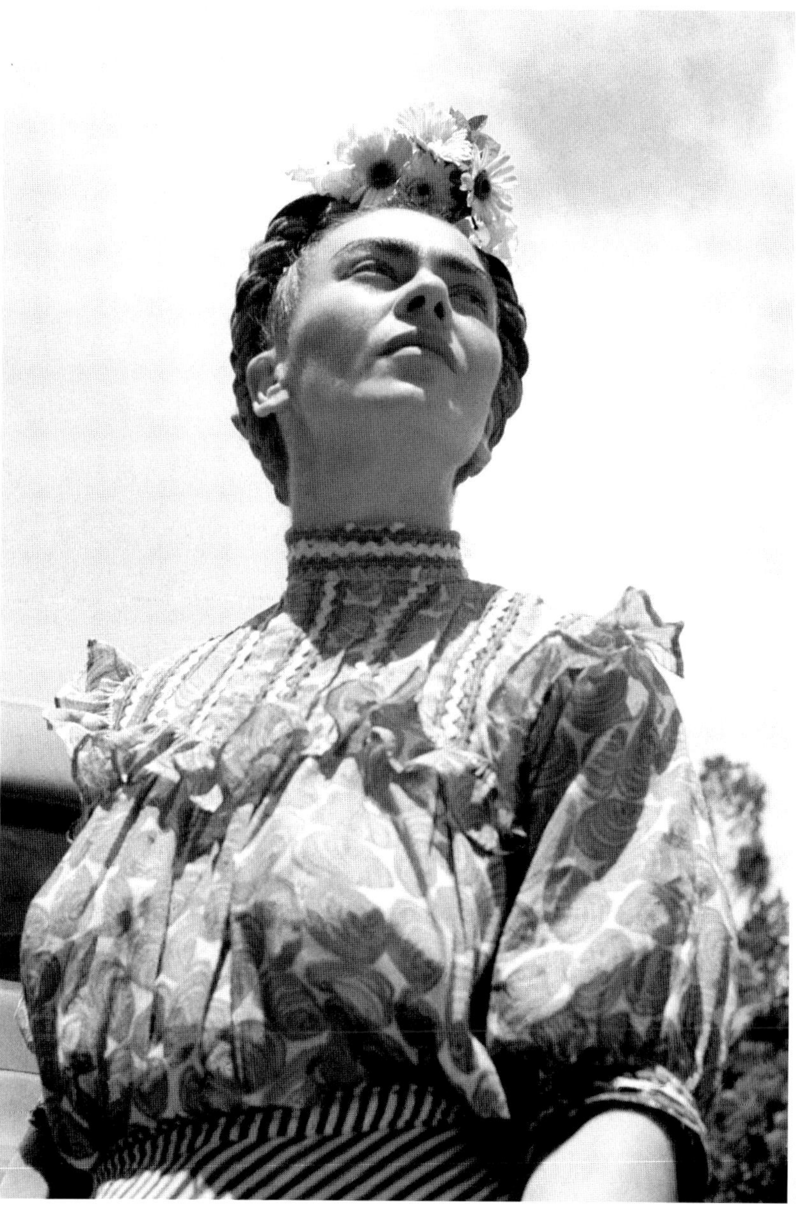

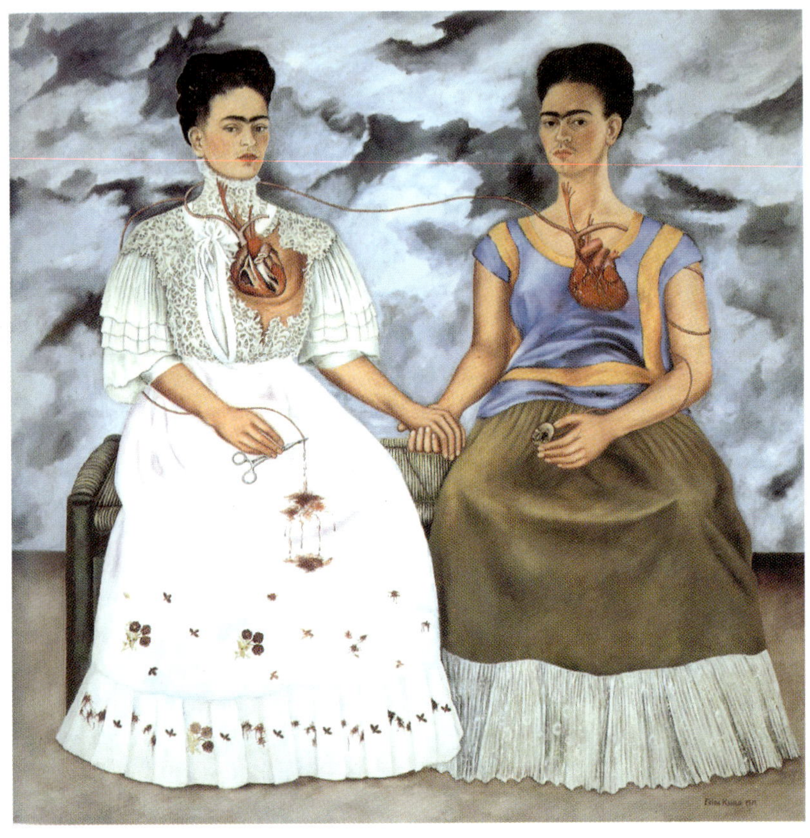

Las dos Fridas, *1939.*
Óleo sobre lienzo, 173 × 173 cm.
Museo de Arte Moderno
Ciudad de México.

Página siguiente:
Frida Kahlo y el vendedor de telas,
México, 1946.

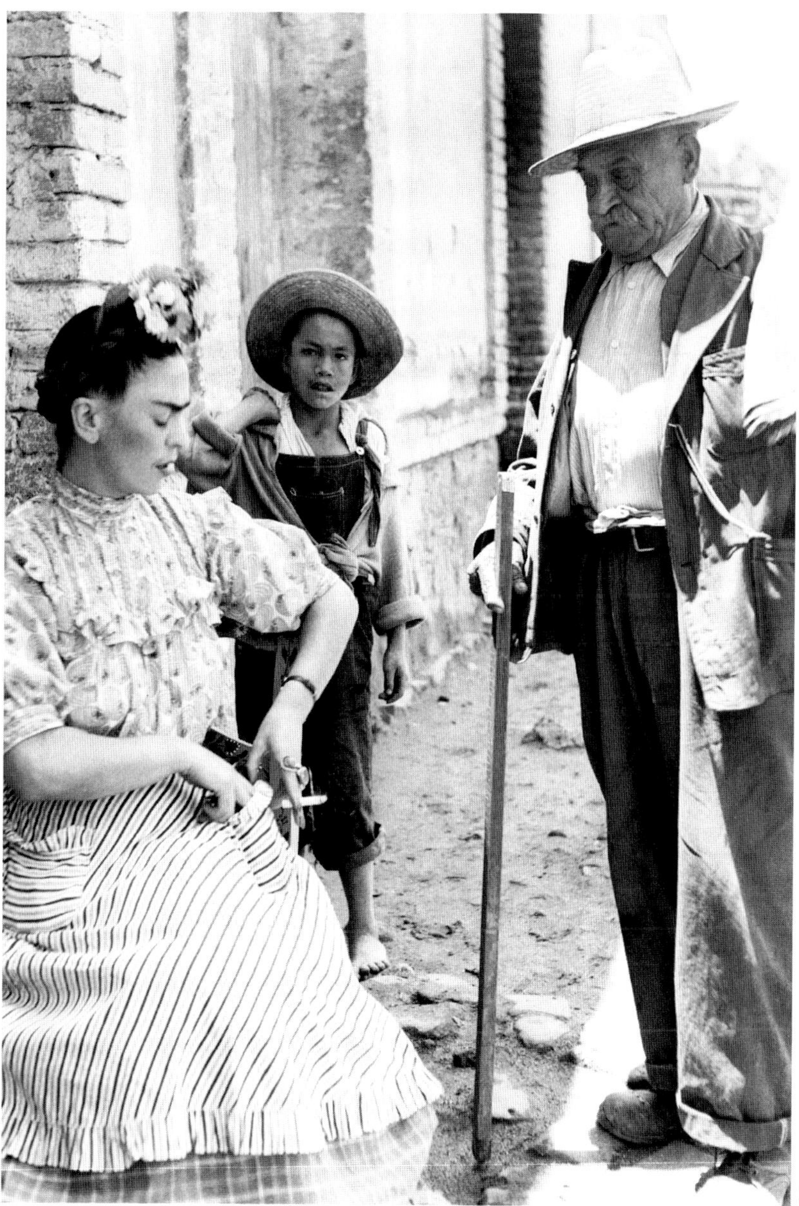

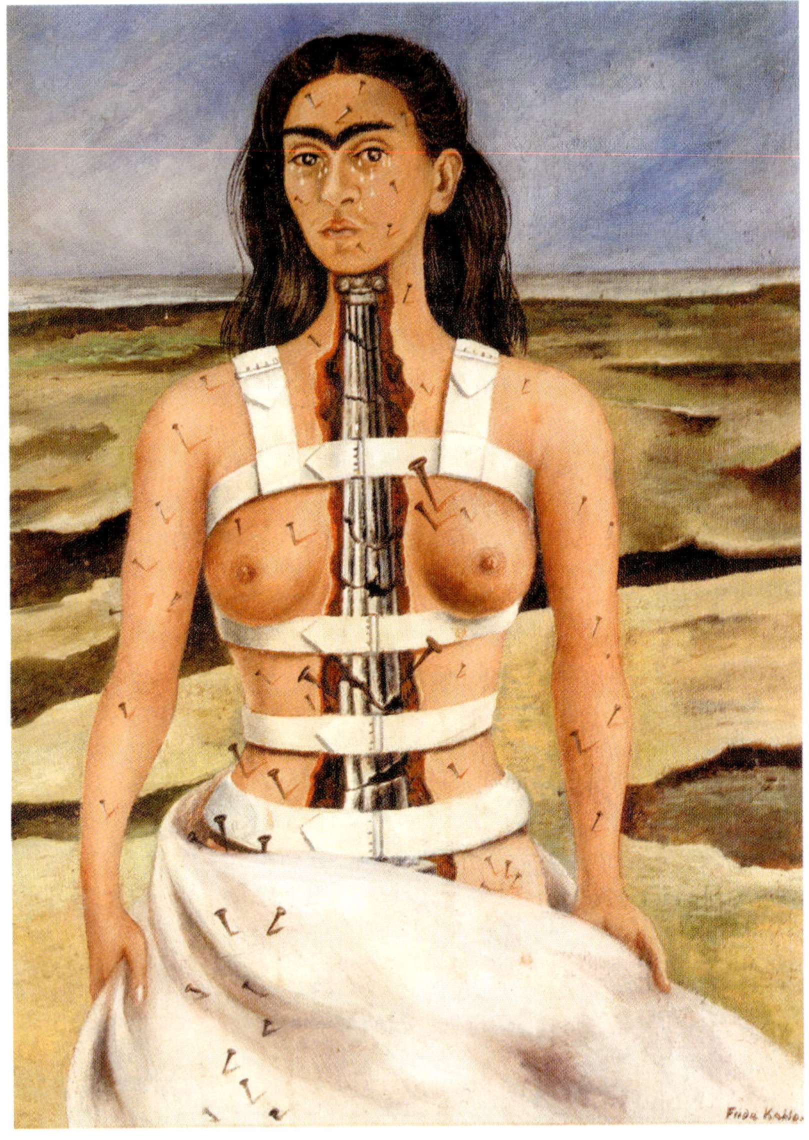

La columna rota, 1944. Óleo sobre Masonite, 42 × 33 cm
Colección de Dolores Olmedo, Ciudad de México

aquí para ver por qué Europa se pudre y que todos estos tunantes son la razón de los Hitler y Mussolinis. Te apuesto mi vida a que mientras viva, voy a odiar este lugar y sus habitantes.[21]

Uno de los aspectos más significativos de la personalidad de Frida fue su rechazo instintivo a las murmuraciones, maledicencias y envidias de los círculos artísticos y políticos; por ello, se mantuvo alejada de las polémicas y enfrentamientos por razones artísticas o políticas, a excepción de sus relaciones con León Trotski.

Mucho se ha discutido sobre las fuentes de inspiración y la formación de Frida y las diversas opiniones al respecto. Sin embargo, el conjunto de su obra revela, a pesar de su diversidad, que no se la puede inscribir en una determinada escuela o tendencia estética, y quienes así han opinado han sido desmentidos por las evidencias del "fridismo". Así, Bertrand Wolfe, tras la primera y única exposición de Frida en el extranjero, expresó: "Aunque André Breton [...] dijera que ella es una surrealista, no fue siguiendo los métodos de esta escuela que ella logró su estilo [...] Completamente libre de los símbolos reunidos y de la filosofía que parece poseer a los surrealistas, su estilo es una especie de realismo "ingenuo" que ella creó para sí misma"[22]. Las creencias, su personalidad y los valores de la cultura popular mexicanas nutren su obra y fundamentan sus trabajos y pinturas como resultado de la sensibilidad que determinó las reacciones de Frida ante el mundo que le tocó vivir. La necesidad de expresar esos temas y esos motivos quizá fue el principal impulso que sitúa la obra de Frida entre las contribuciones más personales e innovadoras de la plástica mexicana del siglo XX, al lado de los muralistas.

Su obra también revela el alto grado en que Frida entretejió los hechos de su vivir en la trama de sus obras. La incesante transformación de su personalidad queda formalmente expresada en la yuxtaposición del yo presente y del yo pasado. Ese yo presente de Frida en el pasado para hallar en él un significado que no pudo ser visto por el yo que vivió la experiencia. El presente vivido se enriquece por el pasado vivido, a la vez que el pasado se enriquece por el presente, en líneas paralelas. Dualidades en el tiempo y magnitud como experiencia de la individualidad humana. Esta visión del yo que resalta al mismo tiempo el cambio y la continuidad de la identidad individual es de gran importancia en la obra de Frida.

Para expresar sus fantasías y sentimientos, desarrolló un lenguaje original pictórico como herramientas técnicas y sintaxis propias. Utilizó símbolos que han de ser descifrados por el que quiera analizar su obra y los contextos históricos y sociales que la rodean. Su mensaje no es hermético; las obras han de entenderse como resúmenes metafóricos y diálogos íntimos de experiencias concretas.

> No existe obra de arte que sea más marcadamente femenina, en el sentido de que, para ser tan seductora como sea posible, esté dispuesta de manera total a alternar entre el juego de ser absolutamente pura o absolutamente malvada.
>
> —ANDRÉ BRETON

Por iniciativa de su padre, desde su niñez, Frida se sintió atraída por los estilos y contenidos de la pintura; pero más que teorías, creó y expresó una praxis artística en la cual se simboliza a sí misma y a su entorno. Sin embargo, se propuso ir más allá de lo que habían llegado a ser la forma y contenidos del arte mexicano, a ritmo y marea entre la tradición colonial y el muralismo.

Frida poseyó en la pintura una mirada exacta y generalizadora para aprehender los horizontes infinitos y, al mismo tiempo, captar los detalles de la cotidianidad. Mirada escrutadora que descifra y encuentra. La Frida política, militante, no podía ver con indiferencia la pobreza material y espiritual de las grandes capas de la población mexicana, pero a diferencia de otros artistas plásticos, como los muralistas, supo diferenciar entre su obra y la línea política e ideológica. El credo filosófico de Frida —si se puede hablar de credo— se experimentó en un sentido literal, en la atmósfera de su propia vida, su cuarto, su cuerpo, su espacio íntimo, lejos de las academias y de los variopintos "ismos" en boga. Casi siempre con el mismo rostro, máscara que cubre el rostro, el rostro y sus miradas que dejan entrever expresiones de sentimientos o estados de ánimo, la artista mira al espectador de frente y desde lo profundo de su interioridad.

En los años cincuenta Diego Rivera observó que con Frida era "la primera vez en la historia del arte que una mujer ha expresado con firmeza absoluta, descarnada y, podríamos decir, tranquilamente feroz, aquellos hechos generales y particulares que conciernen exclusivamente a la mujer".[23]

Del arte popular Frida tomó el colorido y determinados motivos que acompañarían sus autorrepresentaciones. Se valió de elementos de los retablos de anónimos artistas profanos y se inspiró también en la pintura precolombina y en la pintura retratista mexicana del siglo XIX. Así mismo, en sus autorrepresentaciones, la artista se pintaba en escenarios de amplios y áridos paisajes o en frías habitaciones vacías; espacios solitarios habitados por los pasos de la soledad. También en sus retratos de cabeza y busto emana esta sensación. Cuando se representa en el lienzo en compañía de sus animales domésticos, parece una niña pequeña a la que el oso de peluche o la muñeca han de proteger. Ella busca protección, pero siempre brinda protección maternal a Diego, su amor eterno.

Los retratos de cabeza o busto son frecuentemente complementados mediante atributos que poseen un significado simbólico (...) "Escrutaba mi rostro, mi mismo gesto... Durante horas me sentía observada". Se veía Frida adentro, Frida afuera, volteándose la piel, metiendo su mirada dentro de sí misma, escribiendo sobre su piel, descubriendo texturas en las lisas fisuras de su vida...[24] "No es sólo reflejar mi imagen lo que he hecho al pintarla, sino recomponer la otra imagen, la realidad de mi cuerpo, esa sí, realmente rota".[25] El cuerpo roto, fragmentos de vida hechos de color y líneas, vuelos simbólicos.

Para una aproximación a la pintura de Frida es necesario entender que el cuerpo, tal como ella lo expresa en las autorrepresentaciones, va más allá del conjunto de orígenes que constituye a un organismo vivo y de su funcionamiento. En sus cuadros, el cuerpo no se equipara con lo biológico, el cuerpo no es un organismo; Frida nos dice que en su construcción intervienen lo imaginativo y lo simbólico, así como lo real. En Frida, el cuerpo representado es atravesado por la imagen y por el lenguaje pictórico. Frida cubre de sentido la realidad de ese cuerpo fragmentado, mutilado, y exorciza el fantasma del accidente y de la muerte tan temida, pero atractiva. Cristina, la hermana menor de Frida decía que a ésta, cuando era joven, la atemorizada la muerte, al tiempo que la fascinaba. La idea de la corrupción de la carne la cautivaba (...) Era un tema del que los sacerdotes hablaban mucho y a Frida le encantaba. En resumen, Frida aborda en sus autorrepresentaciones, el ancestro tema que ha obsesionado al arte: la relación entre la belleza y la muerte, cuyo escenario de batalla es el cuerpo: muerte que anda acuciosa tras las huellas de la vida. Ese agite y entrecruce de huellas, lo señalaba el poeta Rilke: "Porque lo bello no es más que el inicio de lo terrible que apenas soportamos y lo admiramos tanto porque serenamente rehusa a destruirnos. Todo ángel es terrible".

La última muerte de Frida

Frida empezó a escribir su *Diario* personal a mediados de 1944, a los treinta y seis o treinta y siete años. Considerado por algunos biógrafos como pieza casi única, el texto se constituye de testimonios, recuerdos, cartas y notas de la pintora mexicana. El *Diario,* que abarca casi diez años, rescata la nave perdida de intimidades ocultas de su personalidad como la antigua ocultadora.

El inmenso poeta y pintor cubano, Fayad Jamis, en la "Introducción" que escribe para *Cartas a Theo,* expresa conmovido: "La correspondencia de Van Gogh contiene algunos de los más bellos textos literarios que jamás haya escrito un pintor. Lo mismo que en su pintura, Van Gogh se expresaba profunda y a veces brutalmente en sus cartas... Más aún que sus cuadros, sus cartas fueron puentes tendidos sobre su soledad y el dolor".

El *Diario* de Frida es un documento testimonial valioso para aproximarse a su vida en el tramo final de su existencia creadora, pero, a la vez, es el protocolo agónico y el desplome de su cuerpo lacerado por 32 operaciones, el uso obligado de ocho corsés, la amputación de su pierna derecha gangrenada y su espalda herida, maloliente. Las operaciones y recaídas la emparedan en su cama-taller, donde ella construye y reconstruye el amor abortado que la devora, flagelada por el dolor y la ausencia. Con su fecunda escritura, a veces temblorosa, a veces indescifrable, nos anuncia que aún está viva. Dolor y sufrimiento los transforma en fiesta de colores:

> Verde: luz tibia y buena.
>
> Solferino: Azteca Tlapalli. Vieja sangre de
>
> Tuna. El más vivo y antiguo.
>
> Café: color de mole, de hojas que se van. Tierra.
>
> Amarillo: locura, enfermedad, miedo. Parte del sol
>
> y de la alegría.
>
> Azul cobalto: electricidad y pureza. Amor.
>
> Negro: nada es negro, realmente nada.
>
> Verde hoja: hoja, tristeza, ciencia, Alemania
>
> entera es de ese color.
>
> Amarillo verdoso: más locura y misterio. Todos los
>
> fantasmas usan traje de ese color... O
>
> cuando menos ropa interior.
>
> Azul marino: distancia. También la ternura puede
>
> ser de este azul.
>
> Magenta: ¿Sangre? Pues ¡Quién sabe!
>
> Color vida, color dolor, color muerte, río atormentado que corre por las líneas trazadas por una imaginación desbordada.

Frida incluyó en su *Diario* parte de su obra gráfica, dibujos y trazos alusivos a su estado de ánimo, de la vida cotidiana, sensaciones transcritas en el papel espontáneamente; pero hay un tema recurrente que fue la obsesión de gran parte de su vida: Diego Rivera. Son numerosas las cartas y textos de amor, que ponen de presente las angustias e incertidumbres de Frida en la insaciable búsqueda de algo que en su vida se volvió un sueño inalcanzable: el afecto recíproco, el afecto que da y se entrega y espera recibir. La vida emocional y afectiva de Frida con Diego fue siempre turbulenta. Ella misma admitía que sufrió dos accidentes graves en su vida, el del tranvía y el de Diego Rivera. Él, por su parte, reconocía que mientras más amaba a Frida, más quería dañarla. Reconocimiento brutal de una actitud que generó tantos desengaños, que inician desde el momento mismo de la primera boda en 1929, cuando era *vox populi* que Rivera "tenía aspecto de patán, pero estaba santificado por el aura del artista". No obstante, Frida profesó por el pintor un amor casi místico:

> Cada momento, él es mi niño,
> Mi niño nacido, cada ratico,
> Diario, de mi misma.

La acuciosa imagen de la muerte también fue feroz compañía de cabecera en sus últimos años, cuando escribía su *Diario*:

> Todo es y uno
> La angustia y
> el dolor. El Placer
> y la muerte
> No son más
> Que un proceso
> Para existir

Frida tuvo muchas muertes, algunas de ellas simbolizadas en sus pinturas; pero la última, la definitiva, le ocurrió el 13 de julio de 1954. "Embolia pulmonar fue el último diagnóstico de los médicos cuando la encontraron muerta en su cama". Como terrible ironía que anunciaba un gris presagio, había terminado de pintar su último cuadro: "Unas hermosas sandías abiertas, apetitosas: una naturaleza muerta titulada: *Viva la vida*". Se trata de un cuadro velado por la muerte que se aproxima con sus pasos, donde ella escribe alucinando: "Está anocheciendo en mi vida".

Sobreponiéndose a innumerables desventuras físicas, elogiando la vida y burlándose de la muerte que la acechaba, y a la que a veces buscó tratando de suicidarse, Frida logró prolongar su edad hasta los cuarenta y siete años. Vivió lo más que pudo, así lo demuestra una fotografía que le tomaron cuando, en silla de ruedas, participó en una manifestación, diez días antes de su muerte, para protestar contra el derrocamiento del gobierno democrático de Jacobo Arbenz en Guatemala. Para Raquel Tibol, Frida era consciente de su decrepitud física y de la cercanía de la muerte:

Como lisiada de guerra iba en silla de ruedas con la pierna amputada, la columna vertebral rota, las carnes macilentas por prolongados encierros y muchos años de obligada permanencia en la cama. Convaleciente de una bronconeumonía y contraviniendo las órdenes del médico, no tuvo ánimo para dejarse adornar su melena con estambres de varios colores, como era su gusto y su costumbre y se cubrió los cabellos con una pañoleta arrugada. Su singular coquetería quedó circunscrita a los numerosos anillos que su dedos ya sin fuerzas apenas podían aguantar...[26]

Hacía más de un año que Frida no pintaba cuando, en la primavera de 1954, queriendo recuperarse de la tortura impuesta por la reciente amputación de su pierna derecha, con el consiguiente descontrol anímico, tomó nuevamente los pinceles y en un trozo de madera se pintó a ella misma parada y vigilante junto a un horno de ladrillos que parecía un horno crematorio.

Su estilo plástico, siempre esplendoroso y sexualizado, se había tornado gris en ese cuadro: no mostraba esa superficie como pulida de sus pinturas más bellas, sino un empaste moldeado como si se tratara de una escultura. Su figura aparece con la rigidez de una muerta de papel, vestida con rebozo y pantalón y a la manera jocosa de las muertes de Posada.[27]

Cuenta Raquel Tibol —fiel amiga de Frida— que cierta noche del último verano, Frida se quedó en la casa de Coyoacán. Al despertar Frida le pidió que le alcanzara el cuadro en proceso. Al mirarlo, somnolienta y triste, le dijo: "Es mi cara dentro de un girasol... No me gusta la idea; me parece que estoy ahogándome dentro de la flor" Procedió, en un arranque espontáneo de ira, a destruir la pintura.

Una casualidad o una premonición muy propia de Frida, que amaba los poemas de Li Taipo, hizo del ojo alerta de la sabiduría su escudo y señal. Sin embargo, la muerte la obsesionaba, la *pelona* —como ella decía— la rondaba y le iba quitando los amigos. Después de la amputación de la pierna, le expresa a su amiga Bambi:

Me amputaron la pierna y jamás había sufrido tanto. Me queda un *shock* nervioso, un desequilibrio que lo cambia todo, hasta la circulación de la sangre. Hace seis meses que fui operada y, ¿ves?, aún estoy aquí. Quiero a Diego más que nunca. Espero serle útil en algo y seguir pintando con toda mi alegría, y espero que nada le pase nunca a Diego, pues el día de su muerte yo lo acompañaré, sin importar nada. Nos enterrarán a los dos. Ya he dicho que no cuenten conmigo después de que se vaya Diego.[28]

Tres años después, muere Diego Rivera. La voluntad de Diego era que sus cenizas permanecieran en la misma urna de las de Frida en su casa de Coyoacán, fue contrariada y sus restos se encuentran en La Rotonda de los Hombres Ilustres.

A pesar de la presencia de Diego a su lado, conmovido por tanto sufrimiento, Frida estaba exhausta, pero aún contaba con reservas de energía. En junio de 1954 Frida presentó una leve mejoría en su estado de salud. Parecía reponerse y tendía a una renovada tarea en su pintura, al unísono con el trabajo de Diego en pro de la instauración del comunismo universal. A propósito, Frida escribe en su *Diario* el 4 de noviembre de 1953:

Soy solamente una célula del complejo mecanismo revolucionario de los pueblos para la paz y de los nuevos pueblos ruso-soviético-chico-checoslovaco-polaco, ligados por la sangre a mi propia persona y al indígena de México. Entre esa gran multitud de gente asiática, siempre habrá rostros míos, mexicanos, de piel oscura y bella forma, de elegancia sin límites; también estarán, ya librados los negros, tan hermosos y tan valientes.

En la última foto de Frida tomada por su amiga Lola Álvarez Bravo la tarde del 13 de julio de 1954, se ve a Frida tendida en la cama, rodeada de objetos familiares, el ramo de rosas, los libros en la estantería, las muñecas, las fotos. Frida está acostada bajo el espejo, refleja su imagen congelada, su rostro en la paz de la muerte, su cuerpo frágil engalanado para una última fiesta, falda negra y largo huipil de yalalag, blusa bordada de Oaxaca, peinada con trenzas y adornada con sus alhajas, pero su demacrado rostro expresa la angustia y el agotamiento.

Ahora se le hace cada vez más difícil pintar. El estado de nervios y la depresión por el uso de los estupefacientes no le permiten el diestro manejo de los pinceles y de los colores. Sólo los lápices y la pluma en las páginas del *Diario* recogen algunos pensamientos, palabras esparcidas:

Danza al sol
(perros y hombres con cabeza de perro)
Alas rotas
¿Te vas? No.
(el ángel roto).
Y la representación del cuerpo humano sacrificado con esta leyenda: Soy la desintegración.

La muerte impidió que Frida sobreviviera a Diego. La amputación de la pierna acarreó la pérdida progresiva de esa energía que había mantenido a Frida con vida. Se escucharon las palabras de despedida del poeta Carlos Pellicer, su *Carta para la eternidad*:

Una semana antes de tu partida, ¿te acuerdas?, yo estaba contigo, sentado en una silla muy cerca de ti, contándote cosas, leyéndote los sonetos que había escrito para ti y que tanto te gustaban, y a mí también me gustan porque a ti te gustaban. La enfermera te había inyectado. Creo que eran las diez. Comenzabas a dormirte y me habías indicado que me acercara. Te besé y puse tu mano derecha entre mis manos. ¿Te acuerdas? Luego, apagué la luz. Tú te dormiste y yo me quedé un momento para velar tu sueño. Afuera, el cielo barrido, inundado, me acogió misteriosamente como tiene que ser. Me pareció que ya no podías más. Te confesaré que lloré por la calle cuando me dirigía al autobús para irme a mi casa. Ahora que por fin has encontrado la salvación para siempre, quisiera decirte, más bien repetirte, repetirte... En fin, tú lo sabes bien... Tú, como una ventana azotada por la tempestad. Tú, como un pañuelo empapado en sangre. Tú, como una mariposa llena de lágrimas, como un día aplastado y roto, como una lágrima en un mar de lágrimas; araucaria cantarina, victoriosa, rayo de luz en el camino de todo el mundo.[29]

Por su parte, Diego Rivera narró más tarde a Gladys March los últimos instantes que pasó Frida: "La noche anterior me dio un anillo que compró como regalo para nuestro vigésimo quinto aniversario, para el que todavía faltaban diecisiete días. Le pregunté por qué me lo estaba dando tan pronto y contestó: 'Por que siento que te voy a dejar dentro de muy poco...' ".

En la última página de su *Diario* apuntó al lado del dibujo que representa al ángel negro de la muerte, las palabras más terribles y más duras de su vida, las palabras que expresan su carácter, el final ya lo vislumbraba: "Espero alegre la salida... y espero nunca más volver".

Raquel Tibol al salir del cementerio Civil de Ciudad de México, aquel 14 de julio de 1954, después de hacer guardia dos horas y media junto al horno donde el cuerpo de Frida quedó convertido en un montoncito de huesos calcinados, recordaba que David Alfaro Siqueiros, quien había permanecido frente a la boca del horno, le contó que vio cómo el fuego, "cuando la plancha que sostenía el cuerpo de Frida comenzó a entrar al horno y las llamas encendieron sus cabellos, su rostro apareció como sonriente dentro de un girasol...".

NOTAS

1. Kettenmann, Andrea, *Frida Kahlo, 1907-1954,* Taschen, Colonia, 1992.

2. *Ibid.*

3. Jamis, Rauda, *Frida Kahlo, autorretrato de una mujer,* Edivisión, México, 1987.

4. *Ibid.*

5. *Ibid.*

6. Le Clezio, J.M.A, *Diego y Frida,* Diana, México, 1995.

7. *Ibid.*

8. Kettenmann, *op. cit.*

9. Fuentes Carlos, Introducción El Diario de Frida Kahlo, Editorial Norma, S.A., Santafé de Bogotá, 1995.

10. Le Clezio, J.M.A, *op. cit.*

11. WOLFE, Bertrand, *La fabulosa vida de Diego Rivera,* Diana, México, 1989.

12. Fuentes, Carlos, *op. cit.*

13. Le Clezio, J.M.A, *op. cit.*

14. *Ibid.*

15. Orozco, José Clemente, *Autobiografía,* ERA, México, 1985.

16. Le Clezio, J.M.A, *op. cit.*

17. Jamis, Rauda, *op. cit.*

18. Wolfe, Bertrand, *op. cit.*

19. Kettenmann, *op. cit.*

20. André Breton cit. por Jamis, Rauda. *op. cit.*

21. Kettenmann, *op. cit.*

22. Wolfe, Bertrand, *op. cit.*

23. Diego Rivera cit. por Kettenmann, *op. cit.*

24. Jamis, Rauda, *op. cit.*

25. *Ibid.*

26. Tibol, Raquel, Frida Kahlo: una vida abierta, UNAM, México, 2002.

27. Ibid.

28. Ibid.

29. Carlos Pellicer, cit. por Carlos Monsivais, Frida Kahlo, una vida, una obra, ERA, México.

1907: Magdalena Carmen Frieda Kahlo Calderón nace el 6 de julio en Coyoacán, un pueblo de la periferia de Ciudad de México. Es la tercera hija de la mexicana Matilde Calderón de Kahlo y del alemán Wilhelm Kahlo.

1913: Enferma de poliomielitis y, como secuela, el pie derecho le queda ligeramente deformado. Va a la escuela primaria al Colegio Alemán de México.

1922: Ingresa en la Escuela Nacional Preparatoria para estudiar la carrera de Medicina. De los dos mil alumnos, sólo treinta y cinco son mujeres. Frida observa a Diego Rivera mientras éste pinta el mural *La creación*.

1925: El 17 de septiembre sufre un grave accidente de tráfico al chocar un tren con el autobús que la llevaba, junto a su amigo Alejandro Gómez Arias, de la escuela a la casa. Pasa un mes en el hospital de la Cruz Roja, donde inicia su afición a la pintura. Anteriormente ya había tomado algunas clases de dibujo con el grafista Fernando Fernández.

1928: Se hace miembro del Partido Comunista de México donde se encuentra de nuevo con Rivera. Se enamoran. El pintor la dibuja en el cuadro *Balada de la Revolución*, que pinta en el Ministerio de Cultura.

1929: El 21 de agosto contraen matrimonio Frida Kahlo y Diego Rivera. La pareja se instala en Ciudad de México, y a continuación, se traslada a Cuernavaca, donde Rivera realiza un trabajo. Frida abandona el Partido Comunista cuando Rivera es expulsado.

1930: A principio del año sufre su primer aborto. Rivera obtiene encargos en los Estados Unidos y la pareja se traslada a San Francisco.

1931: Frida Kahlo es ingresada nuevamente al hospital y conoce al médico que la acompañará hasta su muerte. Frida y Diego regresan a México.

1932: El matrimonio se traslada a Detroit, donde Rivera ha de realizar un nuevo trabajo. El 4 de julio Frida Kahlo sufre su segundo aborto, en el Henry Ford Hospital. El 15 de septiembre muere su madre.

1933: La pareja viaja a Nueva York donde Rivera pinta un mural en el Rockefeller Center.

1934: Frida Kahlo debe interrumpir un nuevo embarazo de tres meses. Es operada por primera vez del pie derecho, del que le son amputados varios dedos. Surge una historia amorosa entre su hermana Cristina y Diego Rivera.

1935: Frida Kahlo abandona su casa de San Ángel y se instala en un piso propio. Conoce al escultor americano Isamu Noguchi con quien tiene un romance. Viaja a Nueva York.

1936: De vuelta en la casa de San Ángel, es operada por tercera vez del pie derecho. Se enrola en un comité de solidaridad con los republicanos españoles.

1937: León Trotski y Natalia Sedova llegan a México, el 9 de enero, y Frida Kahlo pone la "Casa Azul" de Coyoacán a su disposición.

1938: André Breton y Jacqueline Lamba visitan en México a Trotski y se hospedan en casa de Guadalupe Marín, la anterior mujer de Diego Rivera. En noviembre tiene lugar, la primera exposición de Frida Kahlo en la galería de Julián Levy, en Nueva York. Inicia una relación amorosa con el fotógrafo Nickolas Muray.

1939: Viaja a París, donde expone sus trabajos en la galería Renou & Colle. Conoce a los pintores surrealistas. A finales de año se divorcia de Diego Rivera.

1940: En septiembre viaja a San Francisco para una revisión de su doctor Eloesser. Allí se casa nuevamente con Diego Rivera el 8 de diciembre.

1941: Muere el padre de Frida. A partir de entonces, la pareja Kahlo-Rivera vive en Coyoacán, en la "Casa Azul".

1942: Frida Kahlo comienza a escribir su diario.

1943: Obtiene un puesto como profesora en la Escuela de Arte "La Esmeralda". Pero su estado de salud la obliga a dar las clases en su "Casa Azul".

1944: Obtiene el Premio Nacional de pintura con su cuadro *Moisés*.

1948: Vuelve al Partido Comunista de México.

1950: Permanece nueve meses en el hospital y es operada siete veces.

1952: Participa en la campaña de apoyo del Movimiento Pacifista.

1953: Lola Álvarez Bravo organiza la primera exposición individual de la obra de Frida Kahlo en México.

1954: Muere el 13 de julio en la "Casa Azul".

Autorretrato, hacia 1923
Autorretrato con traje de terciopelo, 1926
Retrato de Miguel N. Lira, 1927
Retrato de Alicia Galant, 1927
Si Adelita... o los Cachuchas, antes de 1927
Retrato de Cristina, mi hermana, 1928
Autorretrato "El tiempo vuela", 1929
El camión, 1929
Autorretrato, 1930
Frieda Kahlo y Diego Rivera o Diego y Frieda, 1930
Autorretrato sentada, 1931
Diego y Frida, 1931
Retrato de Eva Frederick, 1931
Retrato de Luther Burbano, 1931
Retrato Dr. Leo Eloesser, 1931
Autorretrato en la frontera entre México y los Estados Unidos, 1932
El sueño o autorretrato onírico, 1932
Frida y el aborto o El aborto, 1932
Henry Ford Hospital. La cama volando, 1932
Allá cuelga mi vestido o New York, 1933
Autorretrato con collar, 1933
Unos cuantos piquetitos, 1935

Mis abuelos, mis padres y yo, 1936
Autorretrato dedicado a León Trotsky, 1937
El corazón, 1937
Mi mamá y yo o Yo mamando, 1937
Retrato de Diego Rivera, 1937
Autorretrato "The Frame", hacia 1938
Las dos Fridas, 1939
Autorretrato con collar de espinas, 1940
Autorretrato con mono, 1940
Autorretrato con pelo cortado, 1940
Autorretrato dedicado al Dr. Eloesser, 1940
El sueño o la cama, 1940
Autorretrato con trenza, 1941
Yo y mis pericos, 1941
*Autorretrato como Tehuana o Diego en mi pensamiento o
     Pensando en Diego*, 1943
Autorretrato con monos, 1943
Pensando en la muerte, 1943
Corsé La columna rota, hacia 1944
Fantasía, 1944
La columna rota, 1944
Retrato de Doña Rosita Morillo, 1944
Autorretrato con changuito, 1945
La máscara, 1945
Sin esperanza, 1945
Árbol de la esperanza mantente firme, 1946
El venado herido, 1946
Autorretrato con el pelo suelto, 1947

El sol y la vida, 1947

Paisaje, 1947

Autorretrato, 1948

El abrazo de amor de El universo, 1949

Autorretrato con el retrato del Dr. Farill, 1951

Naturaleza viva, 1952

Naturaleza muerta, 1952

Fruta de la Vida, 1953

Naturaleza muerta con sandías, 1953

Autorretrato con el retrato de Diego en el pecho y María entre las cejas, 1953-1954

Autorretrato con Stalin o Frida y Stalin, hacia 1954

BIBLIOGRAFÍA

Bartra, Eli, *Frida Kahlo, mujer, ideología, arte*, Icarria, Barcelona, 1994.

Del Conde, Teresa, *Frida Kahlo, la pintora y el mito*, Universidad Nacional Autónoma de México, México, 1992.

——— y otros, *Biografía de mujeres mexicanas notables*, Año Internacional de la Mujer, México, 1976.

Herrera, Hayden, *Frida Kahlo, su vida, su arte*, México.

———, *Una biografía de Frida Kahlo*, Diana, México, 1985.

Jamis, Rauda, *Frida Kahlo, autorretrato de una mujer*, Edivisión, México, 1987.

Kettenmann, Andrea, *Frida Kahlo, 1907-1954*, Taschen, Colonia, 1992.

Le Clezio, J. M. A. *Diego y Frida*, Diana, México, 1995.

Monsiváis, Carlos, *Frida Kahlo, una vida, una obra*, ERA, México, 1992.

Orozco, José Clemente, *Autobiografía*, ERA, México, 1985.

Poniatowska, Elena, *Querido Diego, te abraza Quiela*, ERA, México, 1991.

Rico, Araceli, *Frida Kahlo, fantasía de un cuerpo herido*, Plaza & janés, México, 1987.

Rivera Marín, Guadalupe, *Un río, dos riveras*, s.e., México, 1979.

Tibol, Raquel, *Frida Kahlo, una vida abierta*, UNAM, México, 2002.

———, *Frida Kahlo, crónica, testimonio y aproximaciones*, ECP, México, 1977.

Wolfe, Bertrand, *La fabulosa vida de Diego Rivera*, Diana, México, 1989.

Zamora, Martha, *Frida, el pincel de la angustia*, edición de la autora, México, 1987.

SUMARIO

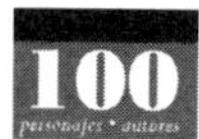

Este libro se terminó de imprimir en el mes de noviembre
del año 2004 en los talleres bogotanos
de Panamericana Formas e Impresos S.A.
En su composición se utilizaron tipos
Sabon, Bodoni Poster y Akzidens Grotesk
de la casa Adobe.